博客思出版社

戲 劇 人 生

A Dramatic Life

張希典口述 / 徐敏子執筆

為善不為人知　功在世界和平

趙榮耀

前台灣淡江大學校長
第二、三、四屆監察委員

　　張希典博士是我大學同班同學，我們都是少數來自南部而離群散居的孤鳥，班上活動參加不多，不過，幾十年來，我與他的互動還算是同班同學裡較頻繁的。他雖自稱是班上第40位後出國的，但卻是我於他之後出國經過洛衫磯時，接待過我的「老鳥」；加之上世紀七十年代我們曾在淡江大學同事，復又因台灣第一次政黨輪替後，他應邀回國擔任總統府科技諮詢委員等要職時，我也適在政府工作，種種因緣際會之下，我對他有了頗深的了解，所以他要我幫他新書寫序，自是義不容辭。

　　我們都是經歷了二戰後台灣苦難凋敝時代，並靠刻苦奮鬥得以進入最高學府，且又在大環境驅使下，前仆後繼奔向異國的一代。阿典從小就顯露聰明稟賦，眼看他遊戲間就過關斬將，從中學到大學到留美深造，唸的都是一流學校，除了自我努力外，天資優異一定也是原因。

　　我們班上有兩位同學，我們都知道他們出道後均在從事「不可告人之事」，一位在台灣，另一位就是阿典。我們在一起時，大家從不會問他們在幹什麼工作，今讀其回憶錄書稿，才知道原來他長期窩在偏遠的新墨西哥州，在兩強核武對峙之冷戰時期，運用電磁波專業技術，扮演過核武安全的「煞車皮」角色，真是「為善不為人知　功在世界和平」，值得年輕人效法。

　　我很佩服我這位同學，在專業巔峰時即急流勇退，開始遊戲他後半生的社會服務志業，奉獻其智慧與心力於所愛之美國與台灣新舊故鄉，從國際事務、僑胞服務、地方公務員保障、法院資訊服務到國家公園解說等等，包羅萬象、五花八門，可說天生好奇，且勇於嘗試，加上真才實學、言之有物、正直熱心、中規中矩、絕不含糊，因此遭遇困難都能精誠所至、玉石為開、迎刃化解。老天常會疼惜憨人，讀者細讀其書，便知我所言不假。

　　俗話說：成功的男人背後總有一位聰慧女人，阿典的另一半玉清女士絕對稱得上美麗、聰慧，除了勤簡持家、相夫教子、建立和樂家庭之外，其實她建立自己的事業與社會服務的熱心及成果絕不亞於阿典，他倆真是志同道合、天生絕配。

　　本書文筆淺顯暢順又不失詼諧，雖是阿典同學的個人回憶

錄，但其所經歷的剛好是百年間東西方新舊交替的半世紀，也是從混亂困窘到大致平和繁榮的半世紀。人常說歷史會重演，經驗需傳承，他們夫婦許多的寶貴經驗，確實值得參考學習；而他們謙卑助人、捨得分享而知足快樂之心，以及能夠放下身段、不斷學習成長與挑戰自我的態度，更是造就他們多采多姿戲劇人生的動力，也是我們過好自己快樂人生的一面鏡子。

己利利人　快樂人生

楊昭義

前原子能委員會副主任委員

前核能研究所所長

這是一本勵志的書。

　書中講述一位來自臺灣南部小鎮的青年，如何在成長困境中力爭上游的成功故事。作者以高度幽默、謙虛、誠懇的風格講的這個故事，讓人讀來耳目一新，印象深刻，足為年青人典範。

　我與作者相遇相知於大學時代，因都是來自台灣中南部的本土小孩，個性也很合得來，因此很自然地兩人就常混在一起。讓我印象最深刻的一次是在大學畢業典禮那天。他和我在家排行都是老么，我因家父早逝，家母年邁，兄姊又各忙各的，畢業典禮後，便孤零零地一個人在校園內晃，看到別人家不是成雙成對就是有家人陪伴，真是好生羨慕。此時他與家人相伴走到我眼前，看我孤家寡人一個，便誠意邀我一起共遊校園，讓我感激萬分。他大學畢業服完兵役後延遲一個學期才於 1966 年 11 月出國，而我則延遲三年於 1969 年 9

月才出國，我們倆應是台大 1965 電機班上出國留學同學中的倒數前幾名。

作者在家中排行最小，上有三兄一姊，家境原本小康，卻因白色恐怖而家道中落。他們家原本新莊人，搬到嘉義後開了一間米店，台灣富商王永慶年輕時還曾是他們家夥計。後來他父親改至一家電影院服務，期間卻因大哥被冤枉牽連進 228，家境變得相當困苦，以致在 10 歲時，就得負責照顧電影院裡的一間小糖果店以幫忙家計。

小時候，他做事就蠻有原則，認為不對的事就堅持不做。及長，仍堅守此原則而不因循苟且，雖曾因此吃過不少虧，但這也是他成功的原因之一。

從國小、國中到高中，他因不參加老師的補習，以致皆被安排在師資較差、學校也較不聞問的放牛班，但靠個人努力與天賦，還是一路順利地進到台灣的大學首府台灣大學之電機系。服完兵役後雖延遲一個學期才赴美，但卻以三年半時間，就在美國加州大學聖地亞哥分校(UCSD)取得應用物理和資訊科學系（後改名為電機和電腦系）博士學位。所謂「自助而後天助」，即使剛到美國，因英文不靈光吃了不少悶虧，但憑藉努力而取得教授賞識，順利取得博士學位後並成為「電磁波」專家。

　　作者留學美國獲得博士學位後的就業初期並不順遂，即使在事業成功並完成一件「不可能的任務」（作者另一本著作）後回台貢獻所能時亦復如此。但他不氣餒也不自怨自艾，而是逆來順受、處處與人為善，並且奉行「不強出頭也不與人爭鋒」的老二哲學，因此遇到逆境（包含種族歧視、長官考核不公、無辜被列黑名單、在老闆身邊修行、APEC 不利環境等）皆能將之化為順境，並處處受到週遭人們及同事歡迎。

　　難得的是，他時時胸懷感恩及古道熱腸樂於助人。由於知恩圖報，在畢業 40 多年後，於 2015 年捐錢在母校 UCSD 用恩師名義設立「亨利‧波克倫理工程師獎」(Henry Booker Prize for Ethical Engineer) 的獎學金，以獎勵有社會責任感的學生。由於「古道熱腸」，當台灣發生美麗島事件時，於認定其為人權事件後，就主動出錢出力地結合國際特赦組織(Amnesty International) 及美國各界人士，進行營救事件受難人之一的呂秀蓮女士（後成為台灣副總統）。也由於「樂於助人」，他參加了（或受聘於）許多公益團體擔任志工，包含在美國加州東灣慈濟分部開辦數學班、在國家公園當導遊、在加州阿拉米達縣當公務員委員會委員、在縣高等法院當諮詢官等，盡可能地服務大眾並幫助弱勢。

　　作者為人天生樂觀，處處站在別人立場考量，有強烈的好奇心和求知欲，做任何事（或從事任何職業工作）都全力以

赴、盡其在我，而且具備「一身是膽」的膽識。因此，做為美蘇地下核武試爆驗證會美方代表之一，他表現可圈可點；做為 APEC 台灣代表團成員，他更表現出色、大放異彩，不僅為台灣爭取到不少發言空間及交到不少國際友人，還當選台灣代表團從未有過的工作小組正召集人。

成功的定義因人而異，端視你目標為何。有人以為「成為達官貴人」是成功，有人認為「達到家財萬貫」是成功，作者卻視「能隨時去做自己想做、且己利利人的事並完成之」才是真正的成功，個人甚表認同。

「達官貴人」及「家財萬貫」固然讓不少人稱羨，其本人卻常會時時擔心害怕失去名利而不快樂，唯有做想做而又「己利利人」的事才能無憂無慮地享受快樂人生，你說是嗎？

十步芳草　台美人生

陳儀深

台灣口述歷史學會理事長
中央研究院近代史研究所

　　胡適曾經到處勸他的老輩朋友寫他們的自傳，不但是由於歷史學者渴望更多的傳記材料，而且是為了給年輕人「人格教育」的參考。我自己沒有身體力行，也就不敢這樣「到處勸人」，但我在台灣近代史研究生涯中，已做了十多本口述訪問紀錄，其中不乏旅美、旅日、旅歐的海外台灣人故事，這本是我的關切、興趣之一，如今看到老朋友希典兄把他的台美人生命故事說出來和大家分享，格外高興。

　　希典兄是嘉義人，台大電機系畢業後，赴美就讀加州大學聖地牙哥分校，1967 年開始只花了三年半拿到博士學位。這本書最引起我注意的地方，首先是他憑著電磁波的專業能力登堂入室，去美國的國家實驗室從事有關核武方面的研究工作，機構裡的人際關係以及近乎機密的見聞；其次是 1979 年底美麗島事件發生以後，他參加了國際特赦組織，以 AI101 小組成員的身份參與主導的「救援呂秀蓮」的工作，呂秀蓮保外就

醫之後還可以到美國哈佛大學進修，就是 AI101 小組的傑作。
後來呂秀蓮於 2000 年榮登副總統大位，除了邀請這個小組的
所有成員前來參加就職典禮，還在希典兄退休後邀請他返台，
從而令他有了一段在呂副總統身邊工作的甘苦經驗。

我們做口述史的人就是要蒐集具有「歷史意義」的資料，
光是以上二端，希典兄的生命故事就值得收藏了。此外，
1943 年出生的他，家人經歷的白色恐怖反映了時代的氛圍；
希典兄回台工作那一段時間並不如意，其實扁政府時代從美國
回來工作的台灣菁英，也有很多人不順遂，就公共利益而言，
這方面的資訊需要進一步蒐集累積、分析檢討，但就個人生
命而言，真正的「愛」是無條件、無所求的，這方面希典兄
沒有問題，不論在美國在台灣，他都樂觀積極，時刻散發自
己的光和熱。

我曾多次去加州史丹佛大學胡佛研究所檔案館看資料，
也多次去「優勝美地」(Yosemite) 國家公園旅行，其中有一次
就是和希典兄一家人同行；他們賢伉儷本來就是舊金山紅木
國家公園的義工，當然是這種旅行的好伴侶！

承希典兄重視邀我寫序，我就把上面的「讀後感」說出
來，並藉此預祝希典兄的書廣受歡迎！

自 序

張希典

　　將自己一生寫下來的念頭，縈繞在腦際已有一段時日。從一個平凡的留學生，到能夠影響美蘇地下核試爆的資深科技人員，我的經歷可謂傳奇。我把自己的一生寫下來，希望能夠鼓勵像我當年一樣正在為人生打拼的年輕人，從而激發起創造更美好世界的激情。

　　我出生在二次世界大戰接近尾聲的台灣，當時台灣民窮財困，而隨著國民黨政府退守台灣，白色恐怖及長達 38 年的戒嚴令台灣國庫「銀兩匱乏」，百姓生活「民不聊生」。我小時候，父母整日以淚洗面。我的同齡朋友中，包括我的兩位兄長，很多人都憤世嫉俗或離群索居。

　　我真的感恩老天對我的眷顧，令我人生之路順風順水，臉上也沒有太多的歲月風霜。我想，這主要是因為我從小就從父母、家庭的經歷中學到功課，小小年紀就看破紅塵，養成了不爭出頭的「老二」哲學。

　　但我並不是離群索居的那一類人，對於重要的公共事務，

如國際人權問題、減少核武擴散議題等，均熱心參與，只是做事低調，且不求回報，所以沒有受到太大壓力。我一直相信，在很多問題上，選擇做體制內的改革，效果會更好。

我也因為曾經擔任過台灣總統府科技諮詢委員，有機會與有權力及有財力者共事，近身接觸和了解他們的人生，覺得有權有財者其實活得很累，因為他們整天要擔心失去權力和錢財的可能性而吃不好、睡不香；反倒是以關心別人為樂事的人，可以吃飽睡好百病不侵。快樂的人生及健康的身體，才是人生最大的成就，與之相比，功名與財富真的就是過眼煙雲。

我寫這本自傳是想告訴大陸或台灣來的留學生，生活是美麗的，現實是可愛的。做好事會有好報。雖然如今社會上接受這種觀點的人不太多，但我可以用自己的人生經歷對你說，這是真的！

縱觀我的一生，雖然吃過一些小虧，不過大部分時間都會因為我的善心善行得到好報：我現在生活穩定，家庭美滿，兒孫繞膝，這些雖然很普通，但對我足矣！有人辛苦忙碌一生，可能煩惱苦惱多多，還不如我。所以我對這一點堅信不疑。

我從聖地亞哥加州大學畢業後，一直十分熱衷於母校的

發展。我不是富豪，但我細水長流地向母校捐款，以表達對這個授予我博士學位的學校的感恩；我也以已故博士指導教授的名字設立獎學金，以表達對導師的感恩：我覺得懂得感恩是一個正直的人最起碼的素質。

我想告訴年輕人，你們的未來海闊天空，人生舞台遼闊寬廣，要把眼光放遠大，努力使自己成為一個有社會責任感的人。年輕人可以從好多方面幫助世界變得更美好，雖然有時自己的努力和貢獻可能不會馬上為外界所知，但只要想到這個世界因為有你而變得好一點，你就會得到心靈的滿足，並最終得到好報。

▲我參加聯合國經濟及社會理事會會議的識別證。

▲我和太太李玉清與老布希總統的合影，還獲得老總統親筆簽名。

▲ 2008 年與參加亞太經合會第七屆部長會議籌備會的各國資深官員合影。我（後排左四）當時擔任資訊通訊技術發展分組召集人。

▲ 2005 年我（後排左四）任總統府科技諮詢委員與時任總統陳水扁、副總統呂秀蓮合影。

目錄 | Content

序

美國篇

| 美 國 篇 |

第一章　飛越太平洋

▲ 23 歲的我背井離鄉，隻身飛越太平洋，一晃半輩子過去了，當時的場景仍歷歷在目。

　　1966 年 11 月 29 日，台北松山國際機場。這張機場送行的照片紀錄了當年祖母、父母、兄嫂機場送行的場面。23 歲的我躊躇滿志，瀟灑地與親人告別，登上飛越太平洋的班機。

踏上美利堅的土地

1966 年 11 月 30 日。從溫哥華飛來的班機在洛杉磯機場緩緩降落。我懷著滿腔的喜悅，走出機場，踏上美利堅的土地。

啊，洛杉磯，這就是好萊塢所在的城市了！在台灣時，我在父親經營的電影院裡，曾看過多少好萊塢電影；如今，我卻身處生產這些電影的城市！說起來真令人難以置信，我，一個普普通通的嘉義小子，居然來到了曾經只在夢中出現的美國，還要在美國的大學攻讀博士學位。命運對我太好了！23 歲的我，心中充滿對未來的美好憧憬。

今天，從台灣飛到美國只需要 13 ～ 14 個小時；但 50 年前，我卻用了足足兩個整天，48 個小時！因為那時台灣沒有直飛美國的班機，我必須先飛到日本轉機飛阿拉斯加，從阿拉斯加飛加拿大溫哥華，再從溫哥華飛洛杉磯，最後飛往目的地賓夕法尼亞州的費城。

這是我第一次坐飛機，是我一生中最漫長的飛行，也是令我眼界大開的旅程。儘管勞累，但年輕人什麼都不怕。我渾身有使不完的精力，我心中有高漲澎湃的熱情。每到一個中轉機場，我就用充滿好奇的眼光盡情觀察，再將這些地方與台灣做比較，從而知道台灣之外，還有這麼大的世界！

在洛杉磯機場時我被告知，我的班機誤點了，下一班去費城的飛機是在第二天，因此我必須在機場過夜。機場櫃檯小姐給我一張免費入住機場希爾頓旅館的代價券。我那時英文很爛，又不懂得美國文化，出國的第一個「洋相」，就是在那時候發生的。

尋找希爾頓

我拿著旅館代價券，拖著一大一小兩個行李箱，走出機場。洛杉磯機場是美國最大的機場之一，班機一班接一班，乘客一波接一波，車來車往，熱鬧繁忙，儘管已是 11 月的初冬天氣，但身處陽光州的洛杉磯，目睹機場的蓬勃朝氣，我感到陣陣暖意漫過心頭。

希爾頓在哪裡呢？正在猶豫間，我突然看到一輛巴士的車身上有希爾頓旅館大樓的圖片。太好了！我想，我真是幸運，居然有希爾頓的專車來接我！我很帥氣地向巴士招手，示意司機「停車！停車！我要上車」！

司機打開車門，我選擇最簡單的單詞向他打招呼：「希爾頓，希爾頓」，用的其實是希爾頓的中文翻譯發音。司機居然聽懂了，連連說：No，No！揮揮手讓我走人。我有點氣餒，想「這個司機的服務態度真不好」！但我的「爛英語」又無法向司機解釋更多！

　　先後攔截了兩、三輛車身上有希爾頓圖片的巴士但都被拒絕後，我終於放棄了再嘗試的努力，拖著行李回到機場櫃台，連說帶比劃地向櫃檯小姐抱怨：明明車身上有希爾頓的圖片，為何不讓我上車？櫃檯小姐的一句話差點令我暈過去，她說：那是希爾頓旅館的廣告！

　　我聽懂了櫃檯小姐的話，尷尬到簡直無地自容！我想，櫃檯小姐一定覺得我很笨吧，沒想到我堂堂一個博士生，居然在進入美國的第一站（在阿拉斯加時沒有出機場）遭遇了這樣的尷尬事！就在我自怨自艾的時候，只聽櫃檯小姐柔聲細氣地對我說，我為你叫了計程車，他會送你去希爾頓。

　　當我在希爾頓住下時，我感到那真是世界上最美好的地方，而我，就是世界上最幸福的人了！

　　12 月 1 日，我終於抵達了目的地費城。

冰天雪地的費城

　　費城（Philadelphia）位於美國東部的賓夕法尼亞州，是賓州最大的城市，也是全美第五大城市，同時又是美國歷史最悠久、最具歷史意義的城市之一，在美國佔有非常重要的地位。

　　美國建國初期，從 1790 ～ 1800 年的 10 年中，首都不是在今天的華盛頓特區，而是在費城。美國的獨立宣言和第

一部聯邦憲法，都是費城作為首都時在那裡通過的。

我即將入讀的賓夕法尼亞大學就在費城。賓大由美國國父級人物本傑明‧富蘭克林於 1740 年創建，是一所著名的私立研究型大學，美國最古老的高等教育機構，也是美國八所常春藤盟校之一。美國《獨立宣言》的 9 位簽字者和《美國憲法》的 11 位簽字者均和賓大有關。

賓大麾下的沃頓商學院則是世界頂尖商學院，不少華人都對沃頓商學院的名字耳熟能詳，因為美國大部分金融業億萬富翁的商學位均來自沃頓商學院、哈佛商學院或哥倫比亞大學商學院三大商學院，而其中來自沃頓商學院的校友佔了絕大部分。

費城還有被稱為「費城之聲」、名列美國五大交響樂團、當代十大世界交響樂團排行榜的費城交響樂團。

這樣一座集歷史、教育、文化於一身的城市，一直是美東地區的旅遊熱點，多少遊客長途跋涉來到這裡，參觀昔日國會大廈舊址、參觀賓大、沃頓校園、聆聽費城之聲的美妙音樂，領略美東地區的人文特色。

然而，1966 年 12 月 1 日，當我抵達費城時，飛航途中產生的興奮感已經逐漸淡卻，儘管我也想去上述費城熱門景點參觀開眼界，但我畢竟不是一名遊客，我是身負學習重任

的學生，我必須面對即將到來的學習和生活現實！沉重的壓力如影隨形地伴隨著我，我根本沒有心思去想觀光的事；另外一個原因，則是費城寒冷的天氣。

費城的冬天，真冷啊！寒風刺骨，白雪皚皚，滴水成冰。出國前我生活在亞熱帶的台灣，那時只會抱怨嘉義和台北濕熱的夏天，那裡的冬天，再冷也就攝氏十幾度；而費城的冬天則是華氏十幾度，也就是快接近攝氏零下 10 度！

博士保姆

我因為後知後覺，失去了申請秋季班的機會，所以只能上春季班。收到入學通知後，離開學還有一個多月的時間，我就馬上啟程，希望趕在開學前到美國，用這一個月時間學習英文、學習美國文化，因為身在英語環境中，學習效率會高很多。

當時我寄住在一對台灣留學生夫婦家裡，他們有一個 3 歲的小女孩。白天夫婦倆上班去了，我就成了 Babysitter －保姆。夫婦兩人都來自台灣，家中的「官方語言」當然是台語；3 歲孩子話都講不利索，可憐我連一個練習英語會話的機會都沒有！

經常地，我和小女孩兩個人「大眼對小眼」地相對而坐，她倒是蠻乖，不太吵鬧，餵她吃東西也很配合，有時她看著我，嘴裡發出咿咿呀呀的聲音，好像是在問我：叔叔，你為

什麼不笑呢？

　　而我看著她，心裡在想：天哪，我怎麼笑得出來！我是家中最小的孩子，從來都是父母兄姐照顧我，曾幾何時，我會在異國他鄉，照顧起別人家的小孩來！這樣一天又一天的，一個月馬上就要過去了，我的英文可是沒有一絲一毫的長進啊！

　　除了與小女孩為伍，我還要幫著鏟雪。那一個月中下了好多場雪，一下雪我就要鏟雪，在家門口開出一條通道。我這個手無縛雞之力的書生，在台灣時從未幹過重活，如今卻不得不甩開臂膀，鏟雪鏟得滿頭大汗！鏟雪對我的唯一好處，就是不再感覺那麼冷！晚上夫婦倆忙自己的家事，我就蜷縮在自己的房間裡兀自發愣！

　　半個世紀之後，當我沐浴在舊金山灣區明媚的陽光之下，回首當年大雪紛飛的費城歲月，心中湧起的卻盡是感恩！我感激那對留學生夫婦，在他們本身還處於來美初期的困難時期，慷慨地張開雙臂歡迎我，助我安然渡過來美國的第一個月；保姆歲月、鏟雪經歷，也變得美好起來！

搭上出國末班車

　　其實我在大學時完全沒有過出國的念頭，當兵回來第一份工作是華航工程師。華航是人人羨慕的大公司，進入華航，

等於捧到一個鐵飯碗，從此不用再為工作的事操心發愁！我那時並沒有費太大功夫，憑藉我台大電機系畢業生的背景，我可說是「輕易地」獲得了華航的垂青。

正為自己被成功錄用得意、準備去華航報到呢，我突然發現，班上 50 個同學中，有 40 人都出國了！一時間，我亂了陣腳，突然懷疑自己的路是不是走錯了？我到底該怎麼做？是去華航上班，還是跟上潮流，申請出國？

我毅然選擇了後者，放棄了鐵飯碗華航，選擇到前途未卜的美國闖天下。做這個決定時倒是沒有太多猶豫，眼前出現 40 個同學一個接一個出國留學的虛擬場面，下決心要成為他們中的一個！

但因為開始得晚了，趕不上秋季班，我只能申請春季班。

申請過程還滿順利的，賓夕法尼亞大學接受了我，史丹福大學也接受了我，但這兩個學校沒給我獎學金；而密蘇里大學不僅接受我，還給我獎學金。密蘇里大學當時的錄取政策是，只要被研究院接收，就免收學費。

台灣政府就認為這個「免學費」相當於「獎學金」，而當時政府只批准有獎學金的申請人。我就是用密蘇里大學的錄取書去辦出國手續，但其實當時我就沒有想過要去那裡。賓州大學雖然沒給我獎學金，但聽說只要讀過第一學期，第二學期得到獎學金

的機率很大。所以我是準備豁出去先付第一學期學費的。

聖誕禮物

我在美國的第一個聖誕節，就是在費城那位朋友的家中度過的。聖誕節是美國人最重視的節日，聖誕節前，街道和建築物上早早裝點了彩色燈飾，空氣中洋溢著濃濃的歡樂氣氛。當然，由於我足不出戶，那些節日的裝飾和熱鬧的氣氛，我都是從電視上看到的。

聖誕節的重頭戲，就是贈送禮物了。家長們在平安夜晚餐後，將孩子們哄著睡了，然後悄悄地將禮物包放到聖誕樹下，等待聖誕日早上孩子們拆開「聖誕老人從煙囪裡下來」送來的禮物時那種驚喜萬狀的表情和反應。我沒有親人在身邊，沒有人給我送禮物，好在有一頓與主人共享的聖誕晚餐。

聖誕節後，我收到父母寄來的一封信。離家近一個月了，我真的很想念他們，寒冷的費城也令我格外想念嘉義溫暖的家。信厚厚的，這不像不善書寫的父親寫來的啊。拆開一看，裡面夾有加州大學聖地亞哥分校（University of California at San Diego，簡稱 UCSD）寄給我的信！

其實那封信在我離開台灣不久就寄到了。國際郵件分海運和空運，而台灣人當時都很窮，航空信的郵資對我父親來講很貴，他也看不懂信的內容，所以用海運走了一個月。

原來這是 UCSD 給我獎學金的信件！我在費城挨冷受凍足足一個月，看到這封信不知有多高興！原來聖誕老人沒有忘記我，為我送來一份遲到的聖誕禮物，更不要說是一份厚禮！什麼叫天上掉下一個大紅包？這就是！我已經看到加州明媚的陽光和四季如春的天氣在向我招手！

我對自己說：我要去 UCSD ！雖然這個決定意味著我將放棄長春藤盟校的光環，而 1960 年建校的 UCSD，一切剛開始起步，更談不上名氣，與 1740 年建校的賓大相比不可同日而語！

但我決心已定。

所以，在費城當了一個月的保姆和雪地清掃工之後，我要去加州了！

我興沖沖地去買飛機票，沒想到當時正在下雪，所有的航班都停飛，可我不能等啊！我就買了火車票，從費城到聖地亞哥，做了一次偉大的美國大陸縱橫之旅。

兩天的行程中，只見火車穿過廣袤大地，從白雪皚皚的東部，穿越俄亥俄州、印第安納州、伊利諾州、密蘇里州、堪薩斯州、科羅拉多州、猶他州、內華達州，漸漸駛進鬱鬱蔥蔥的加州，我的心情也隨著窗外景色的變化，變得越來越興奮！許多與我同時期來美的台灣留學生後來都有自己駕車暢遊美國大陸的經驗，我卻是剛到美國，就有了一次橫跨東西的美國之旅！

我來美時帶了 2500 元美金，那是父親長期積攢的辛苦錢。當時在火車上吃一餐是十元美金，相當於父親一個月的薪水。一餐要吃掉父親一個月的薪水，我當然捨不得！

　　所以上火車前，我就到超市買了兩大袋水果：一袋橘子，一袋蘋果，作為兩天火車上的餐點。橘子和蘋果是多具營養價值的水果啊！但兩天中三餐都吃同樣的東西，卻絕對不是愉快的享受！所以後來我一看到橘子和蘋果，胃裡就會下意識地翻江倒海！

非常態等式：3.5 = 2

　　加州，我來啦！

　　我一路歡歌進入 UCSD。一個台大的校友到車站接我去校園。

　　這就是我將要渡過博士生涯的學校了！建校不久，UCSD 校園遠稱不上氣派，學校著名的地標建築蓋澤爾圖書館尚未動工。但校園裡安靜的氛圍，令我躁動的心頓時沉靜下來。我環顧著年輕又充滿活力的校園，心中湧上陣陣暖意。

　　那是 1967 年 1 月 1 日。元旦。新年。

　　我開始了嶄新的生活。

英語「滑鐵盧」

剛開始在美國學校學習，我最怕的就是英語。我是台灣大學電機系畢業的，但 UCSD 研究院沒有電機系，比較接近的是應用物理和資訊科學系（後改名為電機和電腦系）。我就申請讀這個系。當時資訊科學是很新的學科，年輕人都想學這個。不僅學科年輕，這門課的老師也都非常年輕，令人感受到資訊科學的欣欣向榮和無量前途。

照理說，23 歲的我，對於與年輕老師打交道，應該是如魚得水。但是，那時的我由於英語「不靈光」，卻是怕極了與這些年輕老師打交道：因為這些年輕老師講話時都喜歡用俚語，令聽正規英語都十分吃力的我，每到與他們打交道的時候，就戰戰兢兢、如履薄冰。

比如，當我向他們詢問，某個題目的答案到底是「yes」呢還是「no」呢，他們往往不用簡單的 Yes 或 No 直截了當地回答，卻說「you bet」，聽得我一頭霧水，還是不知道答案到底是「yes」還是「no」，但又不好意思「鍥而不捨」地問個水落石出：因為當時我根本沒有能力用英語組織這個問句！

有些老美學生說話則會時不時會冒出一句聽起來像是「son of the beach」的口頭禪，令我十分好奇，便悄悄問一位同學「那是什麼意思」？同學告訴我，那是罵人的話！但我當時詞彙表裡沒有 bitch 這個詞，只有與之發音相近的 beach—

海灘。

我那時侯實在很傻，還一個勁地想：沒道理啊！海灘很漂亮，男孩也可愛，為什麼兩個漂亮的名詞放在一起，會變成罵人的話了？！

我在台灣參加出國考試時，英文兩次都沒有通過。但當年台灣有一個特別規定，只要拿到外國大學的獎學金，英語考試雖然沒有通過還是可以出國，我就是借助這個條款出國的，因為我有密蘇里大學給的獎學金。

我小時候從沒想過要出國，所以沒有先見之明，早早地在英文上下功夫。因此初到美國，我學得很辛苦。

研究生要看大量教科書和參考書，精裝本的書厚厚的、沉沉的，就像一塊塊磚頭！那時我每天從學校到宿舍兩點一線，字典成了我最親密的伴侶，短短幾個月，一本好好的字典就幾乎翻爛了，哪像現在的留學生，各種版本的電子字典 APP 應有盡有，不僅有文字版的，還有語音版的，要多方便有多方便！

我學得很辛苦的另一個原因，是我悄悄立下誓言，要縮短博士學習時間，早日拿到學位。促使我立下這個誓言的直接原因，是因為當時台幣與美元的匯率是 45：1，而我父親一個月的薪水僅 450 台幣，相當於 10 美元；10 美元在美國只能買一本平裝書！所以在研究院的三年半中，我總共只買過

兩本書，其餘的都是用圖書館的書。

當我講到這裡的時候，我的腦子裡出現了母校地標建築蓋澤爾圖書館（Geisel Library）大樓的倩影。這座設計獨特的圖書館由派瑞拉（William Pereira）建築公司設計，大樓底部的拱門結合多個獨立樓層的設計，遠遠看去，就像一雙雙手托起一疊疊書，象徵莘莘學子在知識的海洋裡遨遊，將大學圖書館的功能表現得淋漓盡致。

蓋澤爾圖書館於 1960 年代末開始興建，那正是我快要拿到博士學位離校的時候。我在校期間使用的圖書館建築十分簡樸，但那時，圖書館就是我的「溫柔鄉」，只要到了那裡，我整個人就會鬆弛下來。

這裡所有的書都可供我免費使用，我不會因為買不起書而影響學習，不會因為想到父親每月辛苦工作工資只相當於十美元、而我在這裡「奢侈地」讀書而有負疚感。

晚上，踩著落葉、在圖書館射出的燈光陪伴下走回宿舍時，是我一天中最充實的時刻。

我感念母校培育之恩，畢業後時刻關注母校的發展，時間長了，蓋澤爾地標圖書館逐漸成為腦海中母校的象徵。冥冥之中，就好像自己曾在那裡渡過了無數美好的夜晚。

▲ 在 UCSD 三年半的時間裡，我只花錢買過兩本教科書，其餘的都依賴圖書館。

親愛的 Term Paper

大學一年級為我們上英文課的老師是位外國修女。為了方便，也為了讓每個學生進入英語語境，她為每個學生起了個英文名字。華人有一個英文名字，在今天世界村的大環境之下，已經稀鬆平常，但在當年，這還僅限於大學生的「特權」。

老師是根據每個學生的特點起英文名字的，她為我起的英文名字是 Harvey。為什麼呢？她告訴我說，Harvey 是某部歌劇中一個角色的名字，膽子很小，最害怕與人打交道，最

喜歡躲在角落裡，與我很相似。

原來那時候，每當上英文課，我總是躲在角落裡，害怕與老師有直接的目光接觸，這樣就可躲避被老師叫起來回答問題，像極了那個 Harvey！

所以儘管我很想上資訊科學課，但我真的害怕聽不懂他們的英語。我就先去試聽，試著與這些年輕老師聊，想打進「主流」，但真的心裡怕怕。當時學校給獎學金沒有規定專業，你可以在這個系裡選任何課，也可以選任何指導教授。但說實在的，初來乍到的我，甚至不知道怎樣選課！

這時我注意到系裡一位教授，他看上去 60 多歲的樣子，和藹可親，最重要的是：他講規規矩矩的英語，不講俚語！這位教授正是我們系的系主任亨利・波克（Henry Booker）。我決定選他的課。

波克教授的專業是電磁波，後來我才知道，他是美國科學院院士；第二次世界大戰期間，曾在英國電信研究所領導理論研究，也曾擔任康奈爾大學電機學院院長；UCSD 電機電腦系就是他創辦的。

不過當時我並不知道太多他的學術成就，唯一吸引我的，竟然就是他講英語的中規中矩！

第一學期結束前，我被告知要寫 term paper 期末報告。當

時的我什麼都是從頭開始，包括連什麼是 term paper 也不懂！term paper，我只聽到 paper 這個字，心想，那不就是「紙」嗎！當時學校裡講中文的學生少之又少，而我又自以為自己的英文比其他講中文的同學好過太多，加上自己聽懂了 paper 這個字，所以根本沒有想到要去問同學。

到了交 term paper 的那一天，我就帶了一大疊白紙，因為我以為要考試，而考試需要自己帶紙。

突然，我看到其他同學都交上去厚厚的一本作業！

收作業的教授問我：Chang, where is your term paper（張，你的期末報告呢）？

我遞上帶去的那疊紙，恭恭敬敬地回答：This is my paper（這就是我的紙）！

收 term paper 的正是系主任波克教授！他看著傻傻站著的我，半天說不出話來！

然後他告訴我說：Term paper is that you study somebody's paper, then write your own reflection（期末報告就是你去看別人的論文，然後寫出自己的心得）。

帶著一臉不可思議的表情，波克教授接著說：I'll give you two weeks to make up the term paper. If you don't turn it in on time, then you will get a F as your score！（我給你兩個星期時

間，把 term paper 補上來。如果不能準時交上來，那你這一課的成績就是 F）。

F 就是不及格啊，如果真的得了 F，這就意味著：下學期的獎學金就泡湯了！

事不宜遲！我就想，兩個星期的時間，要用英文寫，還要打字，而這兩項都是我的軟肋！所以我計劃用一個星期看論文，另一個星期寫作／打字。

我英文不好，不可能看篇幅長的論文，因為那會生字一大堆，時間都用去查字典了。所以我拼命去找短的，居然找到一份只有兩頁的論文。當時的要求是：只需看一位作者的一篇論文，教授就是根據你選的論文以及你自己的文章，來了解你是不是懂了，然後再評分。

我認認真真地看了這篇論文，看得津津有味，還有茅塞頓開的感覺！看來我是看懂這篇論文了，因為我下筆寫心得時，居然是順風順水，一氣呵成！我用「一指神功」在打字機上打出一篇 3 ～ 4 頁的漂亮論文，在規定時間內交了上去。

文章交上去後，我懷著忐忑的心情，等待波克教授為我評分，那感覺，就像被告等候聆聽判決！沒想到我居然拿到了 A-，這真令我喜出望外！當然，這其實沒有什麼好炫耀的：因為其他同學都拿到 A ！

系主任的關門弟子

沒想到下學期波克教授就來找我，問我願不願意當他的學生。願不願意？Are you kidding me ─你不是在跟我開玩笑吧？我當時真有點不相信自己的耳朵！那時我已經知道波克教授是美國科學院院士，紐約時報文章稱他是世界無線電波傳播權威。

最主要的是，他當時已經不收新學生了，很多人找他都被拒絕。現在他卻反過來主動找我當他的學生，這是何等的榮譽！

我於是成了波克教授的關門弟子，用三年半時間，拿到兩個學位：碩士學位和博士學位。3.5 ＝ 2，這就是我的非常態等式！

美國的大學是這樣的：如果你一路讀完博士課程，學校就授予你一個博士學位，如果你中途退出，學校就給你一個碩士學位。

當時我對自己能不能拿到博士學位沒有信心，所以在第二年時就要求系裡先給我一個碩士學位，系裡還果真給了我碩士學位，還有一份證書。那是 1968 年，以至於後來校友會就把我當成 68 屆校友了。

波克教授對我真好，像父親一樣關心我這個來自台灣的學生。我當時對美國文化一竅不通，他就不時請我去他家吃飯，

告訴我許多西方文化，包括飯桌上的禮儀。

在研究所的前兩年，每逢週六我就開著我那輛老爺車，到波克教授家中，免費跟教授夫人學習英語；後來我帶著在市立大學讀書的女朋友李玉清一起去教授家，玉清因為不會平行停車，所以沒考上駕照，波克教授居然親自教她如何做平行停車！

我們曾經問師母，他們待我們這麼好，我們該怎麼報答？師母的回答，我們至今銘記心中，她說：把他們對我們的愛，轉去愛別人，這就是對他們最好的回報。

剛開始追玉清的時候，我曾經做了一件「好學生」不應該做的事：我居然有3個月沒去見波克教授！而通常研究院的學生基本上一個月就與指導教授見面一次，匯報學習和研究的進展。

現在想起來我還會驚訝，當時的自己怎麼居然會「膽大妄為」到如此地步！戀愛中的人會被幸福沖昏頭腦，講的就是我那時的情況了。

波克教授是怎麼處罰我的？說出來你可能不相信─其實當時我也不相信！當他問我，為什麼這麼長時間不去找他，而我如實稟告「我正在追女朋友」時，波克教授的反應居然是連聲說，沒關係，沒關係！就差說一句「追女朋友要緊」了！我當時就想，老天真是對我太好了，將我帶到這樣一位超級有同情心的教授門下！

▲這是我獲得博士學位時與波克教授夫婦的合影。

與諾貝爾獎的淵源

不要誤會！我不是說我曾經與諾貝爾獎擦肩而過，而是說，我與一位諾貝爾獎得主有過一段特殊的淵源。

波克教授為何主動找我做他的研究生、像慈父般地關照我，在我畢業之前，一直是個謎。我一直百思不得其解，像我這樣一個其貌不揚的小個子華人，何以如此幸運，得到院士教授的青睞？

謎底直到我畢業那年才「揭曉」。1970 年，諾貝爾物理獎兩位得主之一是挪威的 Hannes Alfvén 教授，而他的獲獎論

文，就是當年我 term paper 選的那篇論文！

我當時選那篇論文的原因是因為論文只有兩頁，但波克教授卻覺得我很有眼光，比諾貝爾獎委員會早三年就肯定了 Alfvén 的研究和貢獻。

他於是覺得我很厲害，進而找我做了他的學生—他這是愛才啊！但對我來說，因為這篇補寫的 term paper 而獲得波克教授的垂青，實在是「歪打正著」！

通常博士生需要自己找博士學位資格審查委員會成員，若對自己不是很有信心，通常會找一些助理教授加入，因為助理教授不會那麼嚴格，兇巴巴地將一連串的問題丟到你面前，讓你招架不住！

但我的博士資格審查委員會主席是系主任，考慮到我不太了解美國博士評審工作的具體程序，波克教授就主動幫我組織審查委員會，而他找來的成員，個個都是正教授！看到這份名單，我害怕了好一陣子，甚至還做惡夢，夢見自己被教授團咄咄逼人的提問打垮了，醒來後一陣冷汗！

估計波克教授早就告訴過委員會的教授有關我進入研究院第一年就選擇 Alfvén 教授的獲獎論文進行研究並撰寫文章的故事，而 Alfvén 教授的名字在他得到諾貝爾獎之前已經在業界如雷貫耳。一般人考博士資格口試要四小時，我一個多小時就過了。博士論文答辯通常也是四個小時，我也是一個

半小時就過關了。

　　說起來我和 Alfvén 教授真的有緣。Alfvén 教授原本在挪威，後來他披著諾貝爾獎得主的光環來到 UCSD，在我們系當教授。Alfvén 教授有一個也是台灣來的博士後葉田，但西方人搞不清東方人的長相，他常把我和葉田搞混了。

　　我是一個經常面帶笑容的人，他看到我就以為我在對他笑，然後就會對我說「小伙子，過來」，叫我做這個做那個。我很納悶，就去問葉田「為什麼你的老闆經常要我作這作那的」？葉田聽了哈哈大笑，說「老爺子認錯人了」！

　　我畢業後去卡羅拉多大學當博士後。有一次，Alfvén 教授去那裡做演講。我得知後興奮極了！因為 Alfvén 教授來自我的母校，我看到他就像看到娘家人那樣親切，更何況他還曾經不止一次地把我當作他的博士後差使來差使去！

　　演講廳很大。我為了表達對 Alfvén 教授的尊敬，好好聽他的演講，就選擇了坐在第一排。當我目不轉睛地看著台上的 Alfvén 教授時，我的腦海裡就浮現出在母校學習的情景，頗有「逝者如斯夫」的感慨。

　　演講完了，校長和教授們紛紛上台排隊與 Alfvén 教授握手，沒想到 Alfvén 教授看到坐在第一排的我，竟走下台來與我握手，把校長等晾在一邊！會場上的人都驚訝極了，納悶這位堂堂諾貝爾獎得主，怎麼主動下台與一個年輕的華人握手！

收穫季節

三年半後，我實現了自己的諾言，提前獲得博士學位，當時我才 26 歲。博士袍加身的那一天是我生命中最閃光的日子，三年半的苦讀換來豐碩的果實，回想三年半前在冰天雪地的費城渡過的那一個月，恍若隔世！波克教授夫婦全程參加了我的畢業典禮。UCSD 校長親自為我披上學位緞帶。

拿到博士學位後，我就去申請美國永久居民身份。但因為我當時的年齡，按照美國的徵兵制應該去當兵，所以在收到移民局面談信之後，我選擇不去赴約面談，也沒有去信要求延後面談，這個做法在今天的人看來絕對是「腦子進水」了：誰敢不聽從移民局的安排？

但當時的我，並沒有把留在美國當作至高無上的選項，因為當時美國正在越南打仗，我若當兵，很有可能會被發配到越南，說不定還會變成砲灰送回來！因此在回台灣和在美國軍隊當兵之間，我是寧可回台灣也不願去當兵！

1967 年我進入 UCSD 時，正值大規模的反越戰運動在美國各地興起。美國總統詹森（Lyndon Baines Johnson）是於 1965 年下令派遣美國作戰部隊至越南直接參與越戰的，此舉引起世界各地大規模的反越戰示威遊行浪潮，示威運動此起彼伏，連綿不斷。

美國幾百間大學的學生都參與其中。加州大學的旗艦校

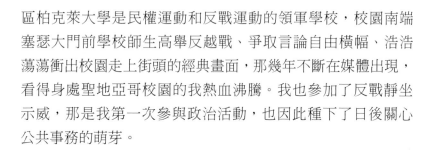

區柏克萊大學是民權運動和反戰運動的領軍學校，校園南端塞瑟大門前學校師生高舉反越戰、爭取言論自由橫幅、浩浩蕩蕩衝出校園走上街頭的經典畫面，那幾年不斷在媒體出現，看得身處聖地亞哥校園的我熱血沸騰。我也參加了反戰靜坐示威，那是我第一次參與政治活動，也因此種下了日後關心公共事務的萌芽。

除了厭惡因戰爭引起的生靈塗炭，我參加反越戰運動與自己的切身利益也有關係，因為申請學校時，校方曾告訴我，可能不會有獎學金給我，因為美國正在打越戰，政府財政山窮水盡，作為公立學校的 UCSD 拿不到足夠的經費。

我參加的那場靜坐示威是在晚上。那天半夜來了一批警察，他們先是試圖驅散我們，然後宣佈，若半夜 12 點還不離開，就要把我們全部抓走。當時我還只有學生簽證，所以若果真被抓，我很可能被遣返回台灣！

很幸運地，半夜時分，校長出現了，他來到學生中間，與我們一起靜坐，態度鮮明地表達支持的立場，所以警方也就不了了之了。

當時 UCSD 校內反越戰的領軍人物包括著名的諾貝爾化學獎得主林恩教授（Paul Lynn），他後來還因為反戰獲得了諾貝爾和平獎，成為極少數榮獲兩個不同領域諾貝爾獎的得主。另一位是研究生戴維斯（Angela Davis）。他們兩人對我以後

的反戰思維有很大的啟發。我至今還記得那個眾志成城的晚上與志同道合的老師和同學一起為反戰、為和平抗爭的「義舉」，一轉眼，50 年過去了！

六個月後，移民局又來信了。這封信措辭強硬，強調給我第二次面談機會，也是我最後一次機會，如再不按時赴約，申請資格就會被取消。那時我已經 27 歲了，過了強制當兵的年齡，我就如約去移民局面談，並順利拿到永久居留身份。

我的加州大學畢業證書上有雷根總統的簽字。當時雷根是加州州長；而根據規定，歷屆加州州長都自動擔任公立大學性質的加州大學董事會主席一職。在我的畢業證書上，雷根的簽名和加州大學總校長、聖地亞哥分校校長和研究院教務長的名字排在一起。

雷根在當選州長之前是好萊塢明星，州長之後又當選總統，雖然政治上「芝麻開花節節高」，又頂著曾經的好萊塢明星的光環，但因為他好戰，任上提高國家軍備預算等舉動，很多美國人當時都不認同他甚至討厭他。不過總的來說，他在總統任上幹得不錯，還被認為是政績卓著的美國總統之一。

沒想到好萊塢明星的雷根州長在我的畢業證書上留名 20 多年之後，我自己居然客串了一部好萊塢電影，還與另一位好萊塢巨星級明星同框合影，這真要感謝雷根為我帶來的好萊塢緣分呢！這是後話，以後的章節會提到。

▲ 柏克萊加大是言論自由及反戰運動的發源地。

回饋母校紀念恩師

　　UCSD 和波克教授對我恩重如山。畢業後我一直透過校友會與母校保持聯絡，關心學校變化和發展，也因此成為校友會校友名單上的 VIP 校友，學校有什麼活動，校友會經常會找我參加。

　　一次，UCSD 一條價值上億元的研究船開來舊金山，不少校友攜家帶眷前往參觀，少數校友被邀請參加晚宴，我也是受邀嘉賓之一。加大系統主辦活動時，每個分校都會派十多位校友參加，比如學生辯論比賽的決賽，是由加大總校長主持的，

這樣的活動與我好動熱情的個性最相符合，校友會也深知我的性格特點，就會邀請我參加，而我也往往會忘了自己的年齡，起勁地為年輕的學弟學妹們鼓掌歡呼。

我也不時地盡一己之力，為母校捐款。其實我畢業後，一直從事普普通通的工作，從未賺過大錢，與有些事業成功的校友相比，我的捐款簡直是大海中的一滴水珠，但我知道，母校從我的微小的捐款數額中，看到我對母校的感恩之心。

此外，諸如為加大爭取更多州政府撥款之類的事情，我也積極參加。由於我對母校事務的熱情參與，總校長辦公室贈予我校友「活動家」（advocate）的稱號。

2015 年，在我畢業 40 多年之後，我以恩師波克教授的名義，捐款設立了亨利·波克倫理工程師獎學金（Henry Booker Prize for Ethical Engineer），獎勵有社會責任感的學生。

波克教授已於 1988 年去世，但我一直沒有忘記他，因為他與我在美國的人生緊緊連在一起。這是第一個以波克教授命名的獎學金，我希望恩師九泉之下，會感到安慰。

博士之後—博士後

在 UCSD 拿到博士學位後，我得到在科羅拉多州立大學波德（Boulder）分校做博士後研究的機會。科羅拉多州與加州之間橫向隔著內華達州和猶他州。波德校區在群山懷抱之中，遠遠看去，像是一個巨大的山谷。

那裡的冬天也下雪，皚皚的白雪蓋在教學大樓頂上，像極了一條條厚厚的毯子，令我想起在費城鏟雪的日子。不過心境卻是大不相同了。如今，我已經博士學位在握，而在一千多里外的聖地亞哥，還有一個漂亮的女孩在等著我。

私定終身在波德

我在波德讀博士後，前後共一年。這段日子在我印象中，居然多與玉清有關。身邊沒有她的時候，日子就乏味得多。寒暑假等待玉清來學校，是我那時最大的期待，而我私底下最大的心願，是與她共渡一生。

我這個人傻傻的，並不太懂追女孩的技巧。在聖地亞哥時我和玉清經常一起出遊，但同行的還有我的朋友和她的朋友。人們常將那些夾在男女戀人之間的「閒雜人等」戲稱為「電燈泡」，那當時我們周圍的電燈泡可真是一串串閃閃亮亮，耀眼得很！

　　那時我們的關係還在隱隱約約階段，中間那張紙還沒有完全捅破。所以當我邀請玉清暑假來科羅拉多大學而她毫不猶豫地接受了，對我來說頗具指標性意義：我意識到我們關係的性質有些超過一般朋友了。

　　暑假到來時，玉清飛來波德。白天我在學校做研究，她就去餐館打工。她真的很能幹！來到人生地不熟的波德，她輕易地就找到打工的餐館，輕易地就賺上錢了！憑藉她在聖地亞哥做餐館累積的經驗，她做餐館服務生的工作已經得心應手，小費也賺得很多了。

　　晚上下班回來，玉清就會像以前在聖地亞哥時一樣，將口袋裡的小費鼓搗得嘩啦嘩啦地響，壞壞地對我笑著，向我炫耀一天的成績。這是她最可愛的時候。即使在 40 多年後的今天，她當年可愛的模樣還會清晰地出現在我眼前。

　　暑假結束玉清離開時，我大有悵然若失之感，心也跟著她走了！我這才感到自己在感情上已經是多麼地依戀她！寒假到了，玉清又飛來與我作伴。這一來二去的，一年就過去了，我們的親密關係也逐漸升級，所謂「水到渠成」、「瓜熟蒂落」，正是我們當時的寫照。

浪漫的訂婚舞會

　　我那時是標準的「一窮二白」，窮光蛋一個。好在那時
社會風氣純樸，留學生一窮二白照樣結婚者大有人在。當然，
訂婚戒子還是要的。我「咬咬牙」，從銀行帳戶中取出500元，
買了一個極其普通的戒子；然後請聖地亞哥的一些朋友張羅
一個舞會，作為我們的訂婚儀式。

　　當天的賓客是十幾對來自台灣的好朋友。我們這些讀工
程的學子都不太會講話，現場也沒有主持人，音樂一起，大
家就跳開了。舞會開始不久，我掏出訂婚戒向玉清求婚：「你
願意嫁給我嗎」？

　　曾經在電影裡看過太多這樣的場面，輪到自己時，我竟
有些感動，一種神聖的感覺湧上心頭！玉清帶著些許羞澀，
欣然接受了我的求婚。哈！剛剛收穫了博士學位，如今又抱
得美人歸，一時間，我成了朋友眼中最幸運、最幸福的人了！

　　訂婚舞會在溫馨的氣氛中結束時，我的身份已然改變：
從一個單身漢，變為一位準新郎。

大熊湖山路車禍

　　訂婚舞會前不久曾發生了一個插曲。一次我與幾位友人一
起到大熊湖（Big Bear Lake）露營渡週末，計劃星期一早上回
來。我就邀玉清一起去。但玉清星期一上午7時就要到漢堡

店上班，她想去玩，又不想影響上班，於是要求我星期一清晨
5點半就離開露營地往回趕。我當時特別希望與她共渡這個週
末，就答應了，心想「不就是早點起床早點出發嗎」？

　　星期天晚上，玉清考慮到我們第二天要早走，怕兩人起
床動作太大會吵到朋友，就周到地將我倆的睡袋安排在帳篷
門口左右兩邊，與裡面的鋪位呈垂直狀，這樣我們起床後一
走了之，不會驚動他人。

　　沒想到整個晚上，那幾個睡在裡面的人在睡夢中不停地
用腳踢我們！玉清倒是沒受影響，一夜好睡；可憐我一晚上
都沒睡好，早上昏昏沉沉地起床，苦不堪言！

　　當時我是借了朋友的一輛八、九成新的車前往在山上的
露營地。天色很早，路上車子也少，駕車人都有些大意，山
路拐彎處盲點又多，剛下山不久，我就與一輛反方向開來的
跑車撞上了！

　　那條山路沒有畫中央分隔線，警察來現場測量距離，判定
我的車超越了隱形中線，判我是事故的責任方！朋友的車雖然
有保險，但只是保對方的車，所以我必須負責修理被我撞壞的
車！

　　博士畢業時我的銀行帳戶有 1,700 元存款。當時我離開
台灣已經 3～4 年，一是真的想家，二是腦袋裡「衣錦還鄉」
的念頭作祟，所以就回台灣風光了一下。我光宗耀祖的台灣

行，機票加上買禮物等共花去1,000元，回來時還剩下700元，當時感到自己還很「富有」，這車禍一出，700元存款就全部貢獻給朋友去修車了！

車禍發生後玉清自責不已，說如果不是她要趕回去上班，我就不會晚上睡不好、也不用那麼早往回趕，車禍就不會發生了。好在車子被撞後還可以開，也就沒有耽誤玉清上班。但漢堡店小費再高，也不會高過700元啊！

所以訂婚舞會後我就想，玉清答應與我訂婚，會不會有彌補這個車禍帶來的罪惡感的成份呢？

難忘的教訓

在科羅拉多大學博士後期間，我遭遇了一個特別的挫折。當時的我不諳世事，不懂學術界規矩，認為論文是自己寫的，幾次投稿都沒有把我的導師維特教授的名字加上去。

論文發表後，維特教授見作者名單中沒有他的名字，很不高興！不久他就通知我說，一年博士後到期就不續約了。而我的一位學長，由於發表論文時都加上維特教授的名字，結果順利續約，以後還留校當了教授。

其實維特教授是全美發表論文最多的教授，當時就已達200篇之多；所以我就覺得，他不會在乎在我的論文裡加上他的名字。偶然的失誤釀成嚴重後果，這件事不可彌補，但給

了我很大的教訓！

　　我認識到：指導教授是不是在乎加名字根本不需要我去考慮，而他希望我加上他的名字這並沒有錯。不過我也感到有些悲哀，覺得人生百態，世事難測！做事要不時揣測別人的心思，也真是一件很累人的事，說實在的，我不喜歡！

▲ 1971 年玉清來科羅拉多大學看我，我們一起去滑雪時留影。

第二章　戰爭與和平

戰爭與和平。俄羅斯大文豪托爾斯泰的命題。誰會想到，我這個芸芸眾生中最普通的一員，居然也曾糾結於這個嚴肅的命題，並親身參與防止核武擴散的國際大事之中。這一切都發生在我服務美國核武研究實驗室期間。

從 EG&G 到 Dikewood

既然維特教授斷了我在科羅拉多大學博士後續約之路，我就只有找工作一途了。那些天我像發了瘋似的，接連發出二百封求職信！

求職信寄出後卻如石沉大海，這令我十分沮喪，突然感到博士學位也不那麼具有「芝麻開門」的神奇效力：你還不是照樣要低著頭推銷自己，忍受些許「尊嚴掃地」的感覺。

那時候每天最大的期盼，就是信箱裡出現印有公司名號

的信封，自己的名字端端正正地打印在上面，裡面躺著一封有面談日期、地點等細節的信件！

當時的實際情況是，我雖然有博士學位，但如果我是白人，就會有很多公司要我，畢竟博士不是隨便可以找到的；但面對履歷裡一個華人的姓「Chang」，感興趣的公司就不多了。

這個現在還依舊困擾華裔的問題，我早在近 50 年前就經歷了。另一方面我也意識到，求職信石沉大海，與我當時不知道怎樣推銷自己也有關係。

倫敦乎？阿布庫基乎？

200 封求職信掀起的第一個漣漪，是英國倫敦大學給我的博士後機會。就在我決定去倫敦大學前，我收到一封來自 EG&G 公司的面談通知書。EG&G 是一家規模很大的全國性公司。當時該公司正計劃在新墨西哥州阿布庫基市（Albuquerque）建一個研究中心，擬招募 15 位博士加盟。

新墨西哥州是科羅拉多州南面的近鄰。公司選擇新墨西哥州，是因為該州有兩個能源部國家實驗室和空軍的下屬機構，拿到政府合約的機會很多。阿布庫基是新墨西哥州最大的城市。

一邊是國際金融中心的大都市倫敦，一邊是連英文地名都

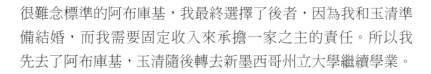

很難念標準的阿布庫基，我最終選擇了後者，因為我和玉清準備結婚，而我需要固定收入來承擔一家之主的責任。所以我先去了阿布庫基，玉清隨後轉去新墨西哥州立大學繼續學業。

抱得美人歸

1972 年 4 月，29 歲的我和 22 歲的玉清假新墨西哥州立大學國際學生中心舉辦了婚禮。當時玉清還是大三學生。

雖然我使用「婚禮」這樣的字眼，但請千萬不要套用現在人們加給「婚禮」的定義：因為我們當年的婚禮，其實就是一個自助餐聚會，50 多位賓客中，不少好朋友都自帶菜餚參加！

婚禮的娛興節目由玉清在新墨西哥州立大學的室友組織，她是音樂系學生，找了幾位同學，用不同的樂器演奏各種曲子，為婚禮平添歡樂氣氛，精彩的表演與我們的快樂記憶連在一起，我們至今還是很感激她們。

婚禮開始前一個特別的插曲，也成為我們終生的愉快記憶。當時我們沒有錢讓玉清去做新娘化妝，她就自己在家裡洗了個頭，因為沒有吹風機將頭髮吹乾，她於是就站在太陽底下，滿心希望頭髮快點曬乾，因為那邊已經有一房間的客人在等著看新娘。但新娘的頭髮卻怎麼都曬不乾！

於是，這邊廂，準新娘太陽下暴曬頭髮，迫不及待等髮

乾；那邊廂，客人們左等右等，望眼欲穿，新娘就是不出現！結婚儀式因此推遲了半小時。我當時花 20 元請了位法官為我們證婚，他原以為五分鐘就可以搞定，沒想到新娘姍姍來遲，他等不及，就要我先在結婚證書上簽字。

玉清終於到了，輕盈飄逸、亭亭玉立，白色婚紗配著潔白的頭紗，頭紗裹著一頭瀑布似的、剛剛洗過、用「太陽能」吹風機「吹」乾的黑色長髮 — 啊，這就是我美麗的新娘！

◀ 我 29 歲與玉清結婚，當時她才 22 歲。雖然沒有名牌婚紗，她是我眼中最漂亮的新娘。

當時新墨西哥州華人很少，我們的婚禮被主流媒體視為「國際婚禮」，登上阿布庫基紀事報，又是照片又是文字，詳盡報導了婚禮細節，令我們大出風頭，我至今還保留著這

份剪報，這是我們青春歲月的美好記憶。

我當時工作的 Dikewood 公司老闆和同事也參加了婚禮。婚後我們就住在新墨西哥州立大學的結婚學生的宿舍裡。

◀

我和玉清與 Dikewood 公司同事在婚禮上的合影。左一、二為公司總裁伍德先生和太太。

短命的 EG&G 生涯

雖然很順利地得到 EG&G 公司的錄用，在公司的研究中心任職，但我在那裡只做了 6 個月，不是因為我做得不好，而是因為我的膚色！這是我在美國職場上第一次親身遭遇種族歧視的經歷。

我在 EG&G 公司的直接上司是一位黑人，我進去三個月

後，他就被排擠走了；六個月後，整個研究中心只剩下我和另一名同事兩個人，而我們兩人留下來的原因，是因為我們的反應太慢，不知道頂頭上司一下台，底下的人就應該趕快找後路！

此外，華人與生俱來的「溫良恭儉讓」儒家思想造成我的溫和個性，我小時侯養成的不與人爭出頭的「老二哲學」，用在職場上還頗有實效，我在公司人緣不錯，因而沒有遭到那位黑人上司被公司「趕走」的同樣命運。

只是整個研究中心只有兩人，未免令人感到孤單。而整天提心吊膽，擔心被趕走，也不是我想過的日子，於是就萌發了去意。

那時公司隔壁有一家名叫 Dikewood Corporation 的小公司。1972 年的某一天，我悄悄去 Dikewood 打聽那裡有沒有適合我的工作。對方一聽是大公司 EG&G 來應徵的，又有博士學位，就立刻僱了我。

成功跳槽 Dikewood

美國政府每年有很多政府合約到民間公司招標，一些大公司爭取到某個項目後，再找下游的小公司承包。Dikewood 當時就是 EG&G 的下游公司。Dikewood 公司有兩個主營業務，除了電腦保險給付，另一個是研究電磁波對飛機的影響。

當時 EG&G 和 Dikewood 共同寫了一個計劃書，成功拿到美國空軍的一個很大的合約，具体是研究電磁波對飛機飛行時的影響，EG&G 是得標者，而 Dikewood 是分包商。

當時我並不了解做這個研究的原因，後來才知道，那時大家都很擔心核子戰爭會爆發，若戰爭真的爆發，總統等聯邦政府的相關重要官員就會被送到飛機上指揮作戰，而阻止電磁波進入飛機進而破壞機上的儀器，便成為頭等重要的技術大事。

種族歧視的犧牲品

電磁波是我的長項。Dikewood 決定讓我擔任該項目的負責人。當我以這個身份去 EG&G 接洽時，心裡別提有多爽了！想想看，曾幾何時，從這個公司跳槽的前員工，居然搖身一變，可以平起平坐與他們談項目了！但我高興得太早了！這個當時擠走我黑人上司的公司居然對我說：我們不想與你共事（We don't want you）！

新墨西哥州人口以講西班牙語的族群為主，但他們中間有博士、碩士學位的人不多，所以在 EG&G 以白人為主的研究團隊中，夾一、兩個黃種研究人員他們可以接受，但由黃種人擔任項目負責人卻是萬萬不能接受的。

Dikewood 因為是分包商，本身就感覺低 EG&G 一等，為

保住這個得來不易的合約，就找了一位白人來取代我當項目負責人，而我就在這個白人的手下工作。這一赤裸裸的歧視帶給我的震撼十分巨大，至今不能忘懷。

當時美國幾乎所有保險公司都是用人工處理各種保單，就是用手工填寫保單、人工瀏覽保單來決定是不是給付，付多少。Dikewood 是美國最早使用電腦處理保險給付的公司，公司的主要業務部門其實是處理醫療保險給付的部門。

比如醫生送來一份 200 元的帳單，公司的電腦會根據系統設定的程序，按照「常規費用」和「合理費用」的計算程序，算出合理的給付額，不僅提高了準確度，更節省了時間。

Dikewood 保險給付電腦化的實踐，開創了保險行業使用先進科技的先河，卻引來醫師群體的不滿，因為電腦處理剛正不阿、不講情面，對有些賬單不予給付，直接影響到醫生的收入；

此外，醫生們也認為處理醫療保險的公司，無權將既有的手工方法改成電腦化。一些醫生便寫來不友好的信件發洩心中的不滿，其中有一名醫生在信中說：「I am sick of you guys」（我討厭你們這些傢伙。Sick 在英文中也是生病的意思）。

Get well soon!

幽默是美國人十分看重的性格特徵，也與我的個性不謀而合。想來那時侯我在新公司做得很開心，收到這封信後，我幽默之心大發，便做起文字遊戲：我買了一張「祝你早日康復」（Get well soon）的卡片，請同事們在卡片上密密麻麻地簽滿名字，寄給那位醫師：你不是病了嗎？我們很關心你喔，祝你早日康復！

那醫生收到卡片後哭笑不得，卻也從此不再找我們麻煩！

我非常感激 Dikewood 公司，感謝她在我困難的時候接受了我。公司雖然不大，卻因為上下齊心合力，老闆和員工之間相親相愛、親如家人，給了我「家」的感覺。她給了固定的收入，讓我可以盡一家之主的責任；她給了我做人的尊嚴，讓我可以一展長才 — 儘管她不得不革去我的項目負責人職位，但我了解那非其所願……

對了，就是在這間公司工作期間，我還完成了又一件人生大事：我加入了美國國籍，成為一位歸化的美國公民。

4,000 元當股東

我加盟 Dikewood 時，公司因擴充業務急需資金，於是想到發行股票集資。有一天，公司通知說要就此事舉辦說明會，同時推銷股票，鼓勵大家參加。我就對玉清說，我們去聽聽，

增加一點常識，也加深對公司的了解。

沒想到整場說明會只有我們兩個聽眾！因為那是在 40 年前的新墨西哥州，如果是在今天的矽谷，這樣的會議一定全場爆滿！另一個原因可能是宣傳工作沒做好。更何況那時私人公司賣股票的很少，看好這間初創公司的人更是少之又少。

說明會演講人就是公司總裁和副總裁。他們沒有因為只有兩名年輕的聽眾而改變既定安排，說明會按計劃進行。兩位老闆對著我們兩人傾情演說，將公司的前景描繪得如花似玉，我卻全場就在想一件事：不好意思，不好意思，不買不好意思！

說明會結束時我就對玉清說，不買不好意思啊，但我們也沒有太多錢，就少買點表表心意吧！我們於是就以兩個孩子的名字買了兩份 2,000 元的股票（共 4,000 元），作為孩子念大學的基金。這項投資還可以免稅。

1979 年 Dikewood 賣給了一個大公司，股票漲了十倍，但有一個條件，公司的前十名股東在兩年內不能變賣股票，除非已經離開公司。我是前十名股東之一。而因為我在 1978 年離開了公司，所以符合賣股票的條件。兩千元變兩萬元，四千元就變成了四萬元。

沒想到 Dikewood 被賣兩年之後就消失了，可能是那個大公司不會經營小公司，就把它關了。其實這個大公司原本想好好經營 Dikewood，也保留了 Dikewood 的名字，但最後沒有

做成功。

　　Dikewood 併入大公司初期，財務還是獨立的。但因為其財務一直赤字，股票就不值錢了。而當時收買 Dikewood 時，那間大公司看好 Dikewood，而我又在前一年離開公司，符合套現條件，所以拿到了 10 倍的盈利。我也是唯一拿到錢的幸運股東，連當時起勁地向我們做宣傳的總裁、副總裁的錢也泡了湯。

　　我感謝老天對我的眷顧！

邂逅核子武器

　　美國能源部在新墨西哥州有兩個國家實驗室，一個是位於阿布庫基的聖地亞國家實驗室 (Sandia National Laboratory)，另一個是位於洛斯阿拉摩斯的洛斯阿拉摩斯國家實驗室（Los Alamos National Laboratory）。

　　兩個實驗室都負責研發武器，其中洛斯阿拉摩斯側重武器的物理研究，聖地亞則側重工程研究。第二次世界大戰期間，作為曼哈頓計劃一部分的核武器設計就是由洛斯阿拉莫斯國家實驗室承擔的。

誤打誤撞換跑道

聖地亞實驗室於 1970 年代開始做太陽能發電實驗，那在當時屬於很新的科技。1978 年的某一天，聖地亞實驗室舉辦了一次開放日活動，邀請民眾參觀。我因為一直對新技術充滿好奇心，特別想知道太陽能發電是怎麼回事，就和玉清一起去參觀。

聖地亞實驗室位於一個空軍基地，那是一個保密區， 一般人平時根本進不去。實驗室開放日那天，參觀的人集中在實驗室人事部辦公室前，然後統一坐巴士進實驗室參觀。

說起來令人不可思議，當時所謂先進的太陽能發電，原來就是用太陽能將水燒熱產生的蒸汽帶動馬達發電！

參觀結束後，實驗室的大巴士再把我們送到人事部辦公室門前。當時正是下午四點半。玉清就對我說，都已經到了人事部辦公室了，何不進去問問那裡是不是有適合你的工作。

玉清的特點之一就是腦子特別靈活，別人想不到的事情她都想得到。也就是她當時腦子裡的靈光一現，我的職業生涯就此改變！

我的一生中曾經歷了無數次找工作、應付面談的場合，每次都要事先做好充分的準備，演練無數遍，然後小心翼翼地前往「試場」，而且越是大公司，越是鄭重其事。

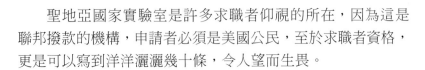

　　聖地亞國家實驗室是許多求職者仰視的所在，因為這是聯邦撥款的機構，申請者必須是美國公民，至於求職者資格，更是可以寫到洋洋灑灑幾十條，令人望而生畏。

　　儘管我有公民身份，有博士學位，但我當時根本沒有想過要去那裡求職。不過玉清有這個想法，我不想掃了她的興。

　　人事部的一位女士看到我們這兩個不速之客，問道：有什麼可以幫你們的？

　　玉清問：你們這裡要人嗎？

　　人事部女士看看玉清，又看看我：是誰想找工？

　　這時輪到我出場了：是我。

　　人事部女士問：你有什麼專長呢？

　　我說：我是作電磁波的。

　　沒想到那位女士聽說後，喜出望外，連聲說，我們正在找電磁波人才呢！

　　他們於是安排我下週三面談。面談過後兩天，我就被錄用了。但這個錄用是理論意義上的，實際上，我還要等待實驗室對我的一系列背景調查。背景調查時間長達四個月，實驗室還到台灣去調查過認識我的人，其中包括一些國民黨員。配合調查的人不一定是我的朋友，因為調查名單不是我提供的。

　　令我感到安慰的是，配合調查的人都沒有講我壞話，而是講我怎麼怎麼好。我通過對我的調查也了解到美國情報系統的厲害。據說曾經有一個被調查的應聘者，因為調查時前妻說他喜歡喝酒，就沒有拿到工作，因為一般認為，喜歡喝酒的人會誤事。

參與核武研究

　　進入國家實驗室是當時許多台灣留學生夢寐以求的事，不少人為申請這個工作，花費大量時間和精力，精心準備，但我卻是得來全不費工夫！

　　剛開始的時候，我也著實小小得意了一番，畢竟從小公司 Dikewood 到國家實驗室，是幾何級數的跳躍，薪水提高、福利改善，工作穩定，我高興自己能為家人提供更好的生活條件，也感謝玉清當時的靈光閃現。

　　聖地亞國家實驗室有 9,000 員工，其中 8,000 人在新墨西哥州的阿布庫基，另 1,000 人在加州的利佛摩分部。

　　實際進入聖地亞實驗室工作前，我不知道自己具體會從事怎樣的工作，因為當時他們說要找做電磁波的人才，但沒有說具體工作，我也只是想，這對我來說屬於「專業對口」，不曾有過任何疑慮。

　　去實驗室報到那天，我被告知分配在實驗室的武器部門。

聖地亞實驗室有兩個部門：武器部門和能源部門。這是我稍後知道的。

我一下子懵在了那裡，腦子裡頓時翻江倒海，一個聲音不斷在喊：怎麼會是這樣？怎麼會是這樣？我母親信佛，整天燒香拜佛，是那種連一隻螞蟻都不會踩死的虔誠佛教徒，我從小在佛教環境中長大，受母親影響，也有強烈的慈悲心懷，母親連一隻螞蟻都不捨得扼殺，我怎麼能參與製造殺人武器！

幾天後我進一步了解到，我參與研發的還不是普通武器，而是核武器。這更加恐怖了！這樣的情況將我置於兩難境地：我已經辭掉前面一份工作，但養家糊口必須有一份工作，所以就對自己說，先做一年，一邊做一邊再找新工作吧。

當時美國已擁有各種核武器，但還在研發殺傷力更大的核武器。我記得最震撼的一次，是親耳聽到一名同事說，已有的核武器一次只能殺一萬人，而他正在研究的核武器一次能殺十萬人。

身在曹營心在漢

理智告訴我，我不應該做這樣的工作。當然這是絕對不能說出口的。這種身在曹營心在漢的日子過了沒多久，我就向老闆要求，去研究核武的安全性。

這是我的迂迴戰術，既保留在實驗室的工作，又避免直

接參與武器研發。我對老闆說，實驗室從未有過研究核武安全的課題，但核武安全至關重要，我想建立這個課題。

國家實驗室的經費由聯邦政府撥款，申請任何經費都要經過國會聽證批准。當時聖地亞實驗室在國會的一次秘密會議上做證，說美國核子武器的事故率是百萬分之一，非常安全。但這個說法並沒有具體數字作為證據。所以我要去研究支持這個結論的數據到底是什麼。

國家實驗室的好處是研究經費基本受保障，只要申請項目被認為有價值，得到經費並不困難，所以我的要求被批准了。

研究核武安全

美國的核子武器和其他國家不一樣，平時是沒有戰鬥力的，就是說，不能用於實戰，就像槍枝中的子彈沒有上膛。因為若核武到手即能使用，恐怖分子拿到後就可任意引爆。

為防止這一點，核武上面裝有一個開關 connector，如果有一天總統決定啟動核武器，會有兩個人從不同的部門向這個開關送進密碼，如果兩個密碼吻合了，這個核武才能啟動，成為有戰鬥力的武器。

但參加具體工作過程的研究人員並不知道密碼。而總統則有一個特殊管道來操作這個程序，具體細節我也不清楚，因為這是最高機密，可能是由兩個分別來自國防部和能源部

的人具體操作，所以這個核武是不能密封的。

引爆核武是利用內部的線路產生電流，但如果自然界的閃電產生的高電流進入核武，也可能引爆。美國設計的核武開關 connector 在閃電襲擊時，會自動關閉，讓閃電的高電流無法進入。因為閃電的時間很短，以微秒計算，並不會毀掉 connector，閃電過後，connector 又恢復待運作狀態。

每個 connector 都要經過模擬（simulation）閃電 1000 伏特高電壓微秒（也就是 10 的負 6 次方）的測試，確定會關閉之後，這個 connector 才屬於合格驗收的產品。

這就是美國核武與其他國家的核武不同的地方；也是實驗室向國會表示事故率百萬分之一的根據。

但實際情況如何呢？是否每個 connector 到了 1,000 伏特就會自動關閉呢？這個特性是否有連續重複性呢：會不會第一次在 1,000 伏特時關閉，第二次卻是在 1,500 伏特時關閉，第三次甚至在 2,000 伏特時才關閉？如果真是這樣，豈不危險！

我就去做研究，結果發現我的疑慮是對的，實驗結果表明，並不是所有的 connector 每一次都是在 1,000 伏特時關閉，有些到 2,000 伏特，有些甚至到 2,600 伏特。我做了好多次實驗，證明每次促使關閉的電壓都不同，也沒有持續性。所以 1,000 伏特的說法並不是絕對準確的，如果電流跑進 connector

但電壓尚未到啟動關閉的電壓數，就可能發生引爆，後果不堪設想。

另一個問題是，實驗室假設若閃電不打到核武就沒問題，但我覺得還是有問題。因為閃電會造成電磁波，而電磁波可能進入核武，使裡面的一些電線在某一個頻率上會產生共振，也就是會產生高電流，因為閃電的頻率範圍很廣，其中一個頻率會產生共振，產生很強的電流，然後引爆。

根據我的兩個研究，核武的事故率應該是千分之一，而不是百萬分之一。而且不管事故發生率是多少，一旦出事一定會有死亡，就像我給你一輛車，告訴你這輛車的出事率是千分之一，你敢從舊金山開到紐約嗎？同樣，我告訴你這核武的出事率是千分之一，你一定會被燒死，你還敢用嗎？

1984～1985年期間，雷根政府與蘇聯政府共同達成了減少核武協議。我想，雷根總統從熱衷發展核武到改變激進態度傾向減少核武，會不會與我的研究結論有關？因為核武做出來就是空放著顯示實力，卻存在安全隱憂。但是要全部毀掉又不願意，就與蘇聯談判，我毀掉5,000顆，你也毀掉5,000顆。當時美國已經有3萬顆核武炸彈。

有關我的核武安全性的研究結論，盡管沒有明確的官方說法予以肯定，但能夠講出 connector 具體情況的人就是我，除我之外沒有其他人了解。這些研究成果曾刊登在聖地亞實

驗室的內部刊物上。

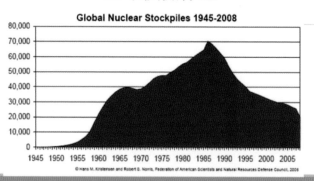

▲ 1945 ～ 2008 年世界核武儲存量示意圖。

轉作能源研究

1982 ～ 1983 年間，世界發生能源危機，阿拉伯國家不賣石油給西方國家，包括美國在內的西方國家緊張起來，於是就開始研究能源，我所在的聖地亞國家實驗室也加強了能源研究部門。

我厭倦了在武器部門的工作，雖然巧立名目，得到研究核武安全性的課題，拖了一段時間，但終究是在武器部門，感覺總是不好。聽說實驗室正加強能源研究，我就對武器部

門的老闆丹・哈丁說，希望能轉到能源部門，發揮所長。

丹・哈丁聽了非常高興，因為我在那裡才幾年，就把他們最大的問題找了出來，對於部門負責人來說，總是尷尬的事，如果我繼續留在那裡，還不知會找出多少其他問題來。

所以我就轉到了能源部門，那時的感覺就是，整個人一下子就輕鬆了！

通常採石油時會用地震波技術來尋找地下蘊藏的石油。利用地震波找油，好處是可以看到很深很遠的地方，缺點是準確度不高，因此實踐中往往會出現這樣的情況：地震波預測有石油的地方，施工人員挖了十個洞，但實際上只有一個洞底下真的有石油，另外 9 個洞根本沒有油，這些沒有油的洞，就會被封掉。

我就想，這是人力物力時間的浪費啊！可不可以用一個儀器放到九個不產油的洞裡，看看周圍到底有沒有油，因為反正洞已經挖了，如果在封洞前先用儀器探測一下，看洞的周圍 100 英尺方圓之內有沒有油，肯定沒油之後再封也不遲，要是找到油源，那這個洞就沒有白打。做這項工作，準確度要在一英尺內。

另外，所謂的採到石油，並不是真的採到石油，而是找到地殼的細縫。地殼上有很多細縫，石油就是經過這些細縫滲出來，所以如果能測到細縫，拿到石油的機會就很大。

我的專業是電磁波，雖然利用電磁波技術不能看得很遠，但是可以看得很準，所以我設想用一個雷達放進洞裡，如果探到細縫，就會有信息反射回來，就可以根據對反射回來時間的分析，算出準確的距離，也就是說，能夠知道從洞的中心往某一邊挖多少距離就可以找到石油。

所以我就設計了一個雷達，裝在一個地下探測儀裡，這個雷達可以產生像閃電一般的寬頻電磁波。儀器的另一端，則有接收器，可以接受反射回來的信號。因為地球各處的物質不一樣，不同的物質能夠傳遞的頻率也不同，所以需要一個寬頻的儀器，保證在不同的地質，都有某種電磁波可以穿透。因為電磁波與經過的物質關係很密切。我在淡水湖裡做過試驗，在水裡放一塊鐵板，因為鐵和水是不同物質，就有信號反射回來，我就可以根據反射回來的信號算出鐵板離我有多遠。

研究成果獲專利

國家實驗室只負責研究，不會生產，我因此獲得該設計的專利。我也因為這項發明，與一位富豪 Colin McMillian 交上朋友。McMillian 是一個石油公司的董事長，當時在老布希政府擔任副國防部長。他以副部長身份去聖地亞實驗室視察時，實驗室高層行政人員都畢恭畢敬地圍著他轉，但他卻指名要見我，因為他覺得我發明了這個地下探測儀，簡直聰明絕頂！

當時因為身份限制，他不能讓他的公司生產我的發明，

因為那屬於利益衝突。他離職後與我談過好多次，有意要生產我的專利。

◀ 圖中使用的地下雷達探測儀就是我設計的。

　　小布希總統上台後，曾請 McMillian 當海軍部長。部長的職位比副部長高多了。但媒體爆料說他是小布希的白手套，不僅自己為小布希競選總統捐了好多錢，還在自己的朋友中間為小布希籌錢，媒體的威力摧毀了他的部長夢，最後在報上看到的，竟是他自殺的消息。

　　McMillian 自殺的消息帶給我很大的震撼。他是不是小布希的白手套，其實最後沒有結論。在我的印象中，他是一個非常和善、客氣的人。我們在聖地亞實驗室認識，他離開國

防部後，曾多次以公司董事長的身份來找我，希望買我的測量儀的專利。

當時他家離我居住城市約 3 小時車程，每次我們見面，都是他來實驗室。他是一個非常低調且不是高高在上的那種人。我也有心將專利賣給他，這樣我的智慧才能轉化為資產嘛！就在我們的談判接近尾聲時，他突然被小布希提名出任海軍部長。這樣我們之間的交易就不能繼續了。

我一直為他的自殺感到不值。因為他真的是一個好人。我覺得他並不是因為做了壞事而自殺，而是因為受不了壓力而自殺。

人真的是那麼脆弱嗎？我覺得還是看人吧：如果是黑社會的人，就不會那麼脆弱了；若是一個好人，一旦聽到別人說你負面的話，就會受不了。當然，內中是否還有其他隱情，我就不得而知了。

美蘇地下核試爆驗證會

美國與蘇聯在 1974 年簽訂了有關地下核爆試驗使用核彈火藥 TNT 數量限制的條約，規定最多不能使用超過 15 萬噸 TNT，但因為沒有有效的儀器測試，條約的執行是「天知地知自己知」，其實兩邊都在欺騙對方。

無意義的核武條約

根據當時的技術條件，雙方都是根據地震波來推算地下核試爆的核彈實際火藥使用量，但同一場蘇聯的地下核爆，在美國和在歐洲測到的地震波所推算的核爆量的數據是不同的，所以基本上沒有意義。美國參院一直沒有批准這個條約，而沒有參院批准，條約就不能正式生效。

為解決這個問題，洛斯阿拉莫斯國家實驗室的研究人員提出一個方案，在地下核爆現場放一個儀器，去測量核爆產生的電磁波，再據此推算火藥的量。但作假幾乎是人的本性，更不要說在這樣的環境裡，從地上看到的那個點，並不一定就是真正的地下核試爆點，那個真正的核試爆點可能離你儀器的實際距離很遠，這樣量到的威力就會很弱，也就是說，從天上衛星看到的在地面上的核爆點的距離，與地下的實際試爆點的距離可以是不同的。

這就是地下核試爆與地面核爆不同的地方。地面核爆如在廣島、長崎的核彈慘案，你可以根據實際死亡人數及受破壞程度來推算核彈的火藥量，但地下核武試爆根本無法測量。

這也是為何美蘇核試爆都放到地底下的原因，因為這樣，外界就不知道試驗中的核武的威力到底有多大。有人問為何中國等國家選擇空中爆炸？因為他們沒有測量並保存地下爆炸所用儀器的技術。

所以一向以來就只有美國和當時的蘇聯有地下核爆技術，後來不做這類試驗了，我想應該與我的這項發明有關。因為如果沒有限制，核武會越做越大，最後世界會被毀滅。

拉斯維加斯驗證會

　　1988 年，洛斯阿拉莫斯實驗室向蘇聯提出，要在雙方的地下核爆點安裝美方設計的測試儀器，透過測試電磁波進而測試實際火藥用量，於是邀請一批蘇聯核武專家來到位於拉斯維加斯的內華達測試站（NTS － Nevada Test Site，後改名內華達國家安全測試站 Nevada National Security Site），與美方專家舉行技術介紹會，希望蘇聯能夠接受使用這個新的測試儀器，並因此促成美國參院通過上述條約。

　　這是一件大事，蘇聯代表團抵達時，報紙有關於此項驗證會的報導。

　　但這個方案還是有一個缺陷，就是無法杜絕對方挖洞時作假，如果將從地面上垂直而下的洞在地底下斜出去，將距離挖得遠些，測出來的數據就不準確了。

　　於是洛斯阿拉莫斯實驗室就想到我發明的電磁波儀器，因為我的儀器使用的是無遠弗屆的電磁波，無論在地下如何改變距離、或碰到不同的地質，都可以測出反射信號；也就是可以準確地算出地下試爆點的距離。

臨危受命建奇功

我於是受邀以美蘇驗證會美方代表團成員身份，擔任驗證會美方代表團主要演講人，在會上介紹我發明的電磁波雷達，解釋安裝有雷達的地下核試爆探測儀的工作原理。美方請了一位很棒的俄語翻譯，將我的全部介紹內容詳細地翻譯成俄語。

我是雙方代表團中唯一的華人，小個子的我與高個子的美蘇代表在一起，相映成趣，在我發言時，所有人的目光都集中在我身上，蘇聯代表們問了許多尖銳的專業問題，比我在國際會議上被問到過的問題還要尖銳，這表示他們對我的儀器很感興趣，也很清楚我的技術，我還看到蘇聯代表們頻頻點頭，那時候我真的很為自己感到驕傲！

美方的技術方案得到了蘇聯專家的認可。這意味著美蘇兩國均同意用這些技術來測量地下核試的威力。兩年後即 1990 年，參院就以 98 對 0 票通過了這個條約。條約立刻生效。

但實際上這個方案並沒有真正被使用，因為蘇聯在 1991 年宣布停止地下核試驗，同年蘇聯解體，而美國則在第二年即 1992 年做出了同樣的宣佈。美蘇雙方都很清楚，雖然條約上規定低於 15 萬噸 TNT 的核武威力，但其實以前所做的核爆都高於這一規定，因為反正測不到，所以事實上這些年來雙方都沒有嚴格遵守 1974 年雙方簽訂的地下核試條約。低於 15 萬噸 TNT 核武的威力，雙方都很清楚，沒有再進行核試的

需要。停止核試，核武就不會再發展。

如魚得水的日子

參加美蘇代表團會談回來不久，正遇上年度考績的例行公事。實驗室一般都是先由個人自評，然後由部門主管決定具體考績。

再次遭遇不公

我自認在美蘇驗證會中表現出色，滿心以為可以得到高分，進而加薪升級。沒想到評級報告發下來，能源部門主管吉姆‧鄧恩（Jim Dunn）對我的評分不是優秀、不是良好，而是「平均之下」（below average）。結果就是我的工資漲幅被列為最低等級。有些同事便為我打抱不平，認為這樣對我不公平！

我也提出抗議，結果得到一筆 3,000 元的額外款項，算是對我不合理工資評級的補償。當時我年薪才三萬元，3,000 元就是十分之一了，還是滿大的一個數目。有意思的是，後來實驗室武器部門副總裁哈根魯伯（R.L.Hagengruber）給能源部門副總裁哈德利（Dan Hartley）寫了一封信，高度肯定我在美蘇地下核試爆驗證會上的表現，指出我的技術報告對蘇聯代表團接受美國方案起到重要作用。哈德利在轉給我的這封信上，還親筆寫上「希典，謝謝！幹得漂亮」（Well done）的字句。

　　我在驗證會後的第二年便獲得實驗室最高的技術職稱「傑出工程師」（Distinguished Member of Technical Staff），這個職稱是有些在那裡幹了 30 ～ 40 年的人也不一定能得到的。這以後不久，吉姆・鄧恩就提出了退休，我想，他該不會是因為處理我的事情明顯不公，沒臉在實驗室待下去了吧！

擁抱新技術

　　我加入國家實驗室的時候，網際網路、email 都是新鮮事，我是這些新技術的第一代使用者。因為從來沒有人做過，大家都不知道怎麼用。

　　我在台大學的是電機，那時候是用真空管；來美國後發現他們用的是電晶體；但到了 UCSD 學的是完全不同的電磁波，也就是相當於從本科基礎學起。等我博士畢業時，社會已經進步到 IC 集成電路。

　　參加工作後有十年時間我是做電磁波和雷達系統。十年之後電郵、網路發展迅速，我完全落伍了！當時的感覺是好奇也著急，希望早早跟上時代腳步。

　　我這個人喜歡學習新知識，並且是不學會決不罷休。我去上各種各樣的課學習新知，一年連上了三門課。我也起勁地參加各項國際會議以及會上開設的各種講座，回來後就當老師，將所學傳授給同事，為實驗室引進新技術。

為了取得老闆的認同，我堂堂一個博士，親自爬上爬下在辦公室架設線路，讓老闆先嘗到新技術的甜頭。我至今還記得那一天，老闆收到我發去的第一封電子郵件時臉上出現的驚喜、興奮的表情！老闆嘗到甜頭後，就大力支持我開講座，將新技術推廣到其他同事。

　　其實這些事對我來說，就好像是在玩遊戲，因為我本身就對這些新技術感興趣，原本可能需要利用業餘時間學的東西，現在可以利用上班時間學，還可以立即實踐，更不要說還給發工資，真可謂一舉兩得，這樣的好事，哪裡去找！

　　也因為我有強烈的好奇心和求知欲，我就能和年輕人打成一片，因為在我們那個年代，資訊科學都是 20 ～ 30 多歲的年輕人在玩，而我已經 40 多歲了，不僅和年輕人一起玩，甚至比他們玩得更起勁。

　　當時資訊科學最熱門的就是資訊安全，因為大家已經知道 Internet 可以做這麼多事情，但如何保證安全是大家特別關心的問題。我那些念博士班的年輕朋友都是在念資訊安全。我也深入其中，「玩」得不亦樂乎。

參與職稱改革

　　1990 年初期，網際網路開始普及，矽谷初創公司雨後春筍般地出現。國家實驗室曾被視為鐵飯碗、金飯碗，人員流動

率很低，但由於高科技公司肯出兩倍的價錢並附贈股票，很多人一下子成為百萬富翁，媒體經常報導這類故事，不少實驗室同事於是就從心動變為行動，離開了實驗室去那裡拿高薪。實驗室流動率忽然上升。

　　人才的流失令實驗室產生極大的危機感。但實驗室是聯邦政府撥款的機構，不能像私營企業那樣可以任意漲工資。如何能留住人才呢？實驗室就從各分部挑選一人，成立了一個委員會，專門討論這個問題。

　　實驗室的建制是每 1,000 人為一個分部。我就是我所在那個分部的代表，屬於「千里挑一」。我那時已經得到實驗室最高職稱的「傑出工程師」，是委員會中職稱最高的委員。

　　參與為實驗室出謀劃策，這是我的榮譽啊，我還真拿這個委員頭銜看得很高很重，白天黑夜地想：「如何留住實驗室的人才呢」？其實讓我參加這個委員會真是選對人了，因為那些有心跳槽的同事的心思，我都了解，並且感同身受。

　　我覺得，國家實驗室薪資制度有一套不能改變的規矩，何時加薪、加多少，都是一板一眼，根據你填進去的具體數據，由系統精準運算，即使老闆想為你加薪，也是不得其門而入。但是不能提高薪水，可以給精神鼓勵啊，實驗室是知識分子雲集的地方，知識分子對精神層面東西的重視，有時更甚於物質待遇。

我於是就想，不可以加薪，可以授予好聽的頭銜啊。當時實驗室職稱只有兩種，一種叫工程師 — Member of Technical Staff，另一個就是傑出工程師— Distinguished Member of Technical Staff。好多人在實驗室幹了一輩子，進去時是工程師，40 年後離開時，還是這個頭銜。

　　我於是建議，在工程師與傑出工程師之間，增加資深工程師（Senior Member of Technical Staff），主任工程師（Principal Member of Technical Staff ）兩個頭銜，每十年升一次，30 年後就可以升到最高的傑出工程師（Distinguished Member of Technical Staff ）稱號，讓大家有個盼頭，講出去也好聽些。

　　實驗室真的採用了我的建議，將技術層級從以前的兩等改為四等。這一招確實留住了不少人。同樣的評級系統也適用於管理層。比如一個會計，如果能幫助實驗室 401K 計劃賺到好多錢，就可以升到實驗室傑出員工（Distinguished Member of Laboratory Staff）的頭銜；一名技工若能做出很精巧的儀器，可被授予「傑出技術員」（Distinguished Technologist）頭銜。

　　以前實驗室只有 5% 的人得到傑出工程師頭銜。我因為參加地下核試爆驗證會表現優秀，一年後就被授予這一頭銜。所以我提出這樣的建議，沒有人會認為我是出於私心。

　　人生有時很奇妙：我很喜歡做能源，卻碰到一個不好的主管；我不喜歡做武器，卻碰到一個好的主管；我後來去了新技術部門，該部門主管給我高級職稱時，遇到一些白人同

事的反彈，他們質疑為何將這樣一個榮譽職稱給了一個華人，但他頂住了壓力。我至今感激他！

在美國，華人的身份經常會被捲入種族議題中，但是我也親身體會到，只要有真才實學，加上為人誠懇正直，你總會得到你應得的那個份額。

第三章　情繫美麗島

▲ 1986 年呂秀蓮（中）出獄後來新墨西哥州在我家後院與我們全家的合影。

　　我有一張呂秀蓮與我全家合影的照片。照片是在我新墨西哥州家的後院拍的。每次看到這張照片，我就會想起自己人生中一段非常特殊的經歷。

美麗島事件

熟悉台灣現代史的朋友都知道「美麗島事件」，特別是與我同齡的人。而我居然會參與其中，並參與得那麼深，卻是自己所料未及。

關注美麗島事件

「美麗島事件」由一本名為《美麗島》的雜誌而來，該雜誌是 1979 年 8 月由黃信介等黨外人士創辦的。雜誌隨後在台灣各地成立分社與服務處，引起當局的密切注意，偶有衝突事件發生。

1979 年 12 月 10 日國際人權日，《美麗島》雜誌在高雄舉行「人權大會」和示威遊行。當天共有兩萬多民眾參加，警備總部等情治單位以鎮暴車、軍警包圍民眾，爆發警民衝突的混亂局面，警方逮捕了 200 多人，其中黃信介、林義雄、張俊宏、施明德、姚嘉文、林弘宣、呂秀蓮及陳菊等八人被以叛亂罪提起公訴。

我來美後一直關注台灣的黨外運動，透過「台灣之音」關心台灣的消息，因此對台灣局勢發展相當了解。「美麗島事件」前一個月，台灣發生了很多事情，我發現政府與民間雙方對峙情勢日趨升高，當時就很擔心，沒想到真的出事了。

「美麗島事件」登上了美國 Newsweek、Times 等主流雜誌，但因為這些媒體使用的是台灣官方新聞稿，所以將事件稱為「暴民事件」。

向聯邦議員陳情

　　我覺得有責任向美國官方報告真實情況，當晚就起草了一封陳情信，並打印三、四十份分別寄給美國的參院、眾院外交委員會的委員，告訴他們「美麗島事件」是台灣政府壓迫台灣的民主運動，而非所謂的「暴民事件」。

　　當時書寫和打印文件遠不像現在這樣輕鬆，我們沒有電腦，每一封信都在打字機上打印。我和一名美國出生的華裔 Albert Fong 挑燈夜戰，一直幹到第二天凌晨四點，隨後立刻將信寄出。

　　我們寄出的信收到顯著效果，幾乎收到信的每位參議員、眾議員，包括白宮都有回信給我。白宮的回信篇幅還蠻長的，不像是在敷衍了事。那些給我寫回信的參議員中，有些後來成為國務卿等重要官員。

　　我也因為宣傳「美麗島事件」真相而獲得這些議員對台灣看法的第一手材料，後來他們當上政府高官後，我還將部分資料提供給一些報社，讓媒體了解這些官員對台灣的看法。

　　我還起草了請願信（Petition Letter），請幾位台灣朋友到

各超市找人簽名，一共收集到 319 個名字。後來參議員愛德華·甘乃迪表示，他任上收到的抗議信中，有關台灣「美麗島事件」的抗議信數量最多，一共有 3,000 多封抗議信。而這 3,000 多封抗議信中，有百分之十就是從我所在的新墨西哥州阿布庫基寄出的。

我相信這些參、眾議員收到抗議信後，都與台灣當局聯繫並表明立場，所以本來政府高層在電視上說被抓的 200 多人都應該判死刑，但後來只有八個人接受軍法審判，其餘則是一般司法審判，我想部分原因可能與來自美國參眾議員的壓力有關。

加入 AI—國際特赦組織

我因為「美麗島事件」加入了國際特赦組織—Amnesty International（以下簡稱 AI）。國際特赦組織於 1961 年由一位英國律師 Peter Benenson 創立，總部設在倫敦，目前擁有會員、支持者和定期捐助者共 100 萬人，散佈在世界 100 個國家和地區，在總部登記的有 4287 個小組，在 54 個國家有正式分會。

AI 的主要工作包括：推動釋放政治犯、確保政治犯得到公平審判、廢除死刑、終止法制外的私刑和「失蹤」以及反對政府團體的侵害人權行為等。AI 在 1977 年獲得諾貝爾和平獎。

AI 內臥虎藏龍，其成員都是一流人才，平時看報紙，差不多有百分之十的新聞，都是他們這些人「製造」出來的。他們之中有的是律師、教授，甚至包括州議員，參加 AI 對他們來說，近似當義工服務社會。

我在台灣求學時就曾聽說過 AI，因為該組織在大學裡的活動很活躍。「美麗島事件」發生後，我向一位朋友打聽學校裡是否有 AI。沒想到那位朋友就是 AI 成員，而那個週末他們正要開會。我於是就想利用這個機會，向他們介紹「美麗島事件」真相。

到了週末，我就去參加阿布庫基 AI101 小組的會議。當我向他們介紹「美麗島事件」時，許多小組成員連台灣在哪裡都不知道！雖然他們看過 Newsweek 等媒體的報導，但還是對事件始末一頭霧水。

我當晚就參加 AI 成為正式會員，如今已是一名 40 多年資深會員。我在 AI 101 小組的首次亮相給他們留下良好印象，他們覺得我是個很誠懇的人，因此相信我說的是事實，並表示願意支持這個運動。

AI 運作通常都是由上而下，即所有案子都是先上報至倫敦總部，再由倫敦總部進行調查，然後決定是否要介入、何時介入、如何介入。根據 AI 的非暴力原則，其介入的案件絕不能是暴力事件，而是否屬暴力行為要由總部調查決定。

　　但當時我覺得這些人快要被判死刑了，沒有時間按照常規走，所以當我向 AI101 小組報告這件事並強調了我的這份擔心之後，小組就同意了我的看法，並決定先斬後奏，立刻展開行動。

　　我們印製了一些卡片寄到世界各地 AI 分部，讓大家簽名。AI 總部也收到一張卡片，結果三更半夜打電話來我們小組大罵一通，責備我們擅自行動，並要求立即停止。

　　小組裡的老美成員就強調「除非能證明這是暴力事件」否則不會停止，逼得總部派人去台灣調查「美麗島事件」。調查結果出來時，我們都興奮極了，因為結果是：「美麗島事件」是民權問題，而非所謂的暴民事件。總部就將「美麗島事件」列為 AI 的正式案件，並發函公告全世界 AI 分部。

　　AI 小組活動的經費，主要來自籌款，我也曾主辦過一次籌款會，邀請一位名叫艾琳達的朋友演講。艾琳達與台灣淵源頗深，是一個台灣通，當時她被台灣政府驅逐出境，所以我就建議邀請艾琳達來新墨西哥州大演講，同時為 AI 籌款。

　　我在聖地牙哥加大讀書時，艾琳達恰巧是我們系裡的秘書，艾琳達不僅會說中文，還會說台語。一個金髮碧眼的洋人居然會講台語，這讓我們覺得十分親切。

　　艾琳達來演講，玉清則做春捲義賣籌款。但是那天我不敢去，因為我知道國民黨的人會去。結果當天國民黨動員了 100

多名學生到會場，希望藉此減少其他人來參加。

但這對我們卻是一件好事，因為台灣發生的事情，新墨西哥州有興趣的人不會很多，如果只有二、三十人去，場面會很冷清，但是 100 多人的聲勢就很浩大。

後來，因為大家肚子實在太餓，都來買玉清為募款所做的春捲，一條春捲賣兩塊美金，成本可能只是五角，總共賣了 100 多條，可以說是國民黨幫助了我們的籌款會，而這 200元對我們 AI101 小組來說，是一筆很大的經費呢。

營救呂秀蓮

AI 的營救策略是，要救被判同罪的一批人，先救其中一人。就「美麗島事件」而言，八人都被判同樣罪行，但只要有一個人被救出來，其他人就沒有理由繼續被關在監牢裡。

良心犯呂秀蓮

我就提出選擇呂秀蓮作為營救對象，原因有三：第一，她是女性；第二，她是哈佛大學畢業的，哈佛畢業生讓美國人有親切感；第三，呂秀蓮當時患有甲狀腺癌。將患有癌症的病人判死刑或關在監牢裡，是非常不人道的事情 。

我的意見獲得小組成員的一致認同，因為我是小組裡唯

一了解美麗島事件真相的台灣（來的）人，小組成員十分尊重我的意見，然後總部就將呂秀蓮作為良心犯（prisoner of conscience）營救對象。

我參加 AI 是隱名匿姓的，使用的名字是 Bruce Lee—李小龍，這是一個象徵性的名字，而美國人都熟悉李小龍。我必須隱瞞真實姓名，是因為國民黨很厲害，什麼地方都能滲透進去，我必須保護自己。

寄卡片向台灣施壓

我找出呂秀蓮的照片製成明信片，請世界各地支持民權運動的人士簽名後，再寄給台灣各政府部門。其中一張照片是呂秀蓮哈佛畢業後在行政院工作時一個生日會上拍的。

那張照片很具象徵意義，因為那天時任行政院長的蔣經國為行政院當月壽星作壽，呂秀蓮代表壽星們切生日蛋糕，她剪著短髮、戴著黑框眼鏡，年輕漂亮，而在一旁看著的蔣經國，臉上滿是欣賞的表情。

我們在卡片上配的文字，說明呂秀蓮有哈佛法學院學位，1979 年參加聯合國人權日活動後被捕並被判 12 年監禁，強調昔日和蔣經國一起切蛋糕的人，現在正被蔣經國關在監牢裡，這些文字和畫面配合一起，很有煽情作用。

LU, HSIU-LIEN (MS.)

earned her Masters in Law degree from Harvard University in 1978.

She was arrested in Taiwan on December 10, 1979 after participating in a rally to celebrate the anniversary of the United Nations Universal Declaration of Human Rights.

Following her arrest Ms. Lu was sentenced to 12 years in prison.

蔣院長為行政院同仁做壽，作者代表壽星切蛋糕。

呂秀蓮

Feminist Writer Publisher

▲ 呂秀蓮與蔣經國同框切蛋糕的照片很有煽動性，昔日座上客，今日階下囚，很能激起收信人的同情。

　　在長達六年的營救行動期間，我們共印製了兩萬張這樣的卡片，其中有 5,000 張寄給了時任台灣總統的蔣經國，另外各 5,000 份則寄給行政院長、國防部長、警備總部總司令。

　　製作和郵寄卡片的經費，來自社會上關心人權議題的幕後有心人，幫助印卡片的幾個印刷公司，都只收取少量的排版費，其他費用一概免費。

因為這是來自國際關切的卡片，台灣當局必須重視，部分回信是由當時的北美事務協調處處長錢復親自執筆。國民黨為了對抗國際特赦組織，還成立了「中國人權學會」，由杭立武當會長。

錢復在回信中強調台灣當局很關心人權，並以成立「中國人權學會」作為佐證，但同時還是強調，被抓的這些人確有犯法。中國人權學會還找了兩位教授到牢裡為呂秀蓮上課以示人權。

美台兩地聯絡人

那時候我負責與呂秀蓮在台灣的姐姐呂秀絨聯絡。呂秀絨比呂秀蓮大 14 歲，呂秀蓮被關後，呂秀絨每週二去探監，我就在台灣時間每週三與她通話，了解呂秀蓮的最新情況，然後向總部匯報。

我當時借用不同美國朋友家裡的電話與呂秀絨聯繫，一是出於安全考慮，因為當時國民黨無孔不入，另一個原因就是當時國際電話費十分昂貴，我個人無法負擔，但美國朋友關心台灣人權事業，心甘情願提供金錢援助。

呂秀絨接聽來自國際特赦組織的電話需要極大的勇氣，因為有國民黨的監聽；除了電話聯繫，呂秀絨也寫信與我溝通，其中一封她報告呂秀蓮病情惡化詳情的親筆信件，我至今還

保留著。

我收到這封信後立即向小組報告，小組遂立即通知倫敦總部，總部就馬上發出緊急通知到全世界各分會，動員大家寫信向台灣政府施壓，要求讓呂秀蓮「保外就醫」。

因為外界的這些行動，呂秀蓮在獄中得以受到妥善照顧，因為國民黨也害怕她在監牢裡死掉。後來在對呂秀蓮的軍法審判中，呂秀絨以證人身份出庭作證，展現了一名平凡的台灣婦人不平凡的勇氣。

2002 年我在台灣時，呂秀蓮曾帶我前往台大醫院探視正在住院的呂秀絨，告訴她，「AI 的張希典看你來了」。當時她已經不太會講話。 我看著當年展現大無畏精神的呂秀絨如今蜷縮在病榻上，而她的妹妹卻成了「一人之下、萬人之上」的副總統 ，心中真是百感交集。

協助呂秀蓮赴美

呂秀蓮在牢裡待了 1933 天後獲准保外就醫。我們擔心呂秀蓮病癒後，會再度被送進監獄，於是為呂秀蓮申請哈佛大學獎學金，呂秀蓮因此得以順利來美國進修。

AI101 小組有兩位很重要的人物，一位是 Mary Kay Dunphy，另一位是 Dorie Bunting，其中 Dorie Bunting 年紀較長，是我們民權運動、反核武的先驅，當時每次聖地亞實驗室研究

的核武器要去附近的空軍基地測試時，Dorie Bunting 和 AI101 其他成員前往示威，有時甚至躺在運載核武的車子經過的路上。我第一次向 AI101 小組報告「美麗島事件」時，第一個表態支持我的就是 Dorie Bunting，我至今仍然非常感激她。

Mary Kay Dunhpy 及 Dorie Bunting 是在 1986 年 AI 在洛杉磯召開的美國年會 (National Convention) 第一次見到呂秀蓮本尊的，她當時應邀在會上發表演講。AI 營救的大都是判了死刑的政治犯，有些政治犯即使被放出來了，AI 的人也不太容易見到他們，營救呂秀蓮是一個十分成功的案例。Mary Kay Dunphy 和 Dorie Bunting 見到了呂秀蓮，就邀請她來阿布庫基。

呂秀蓮到美國之後，才知道是阿布庫基 AI101 小組在幫助她，此前她一直以為是倫敦總部在營救她。而她到了阿布庫基後，才知道我是整個營救行動的主要推手，我們才第一次有機會面對面「把酒話從前」。呂秀蓮此行也帶呂秀絨同行，我這個李小龍也得以與她首次見面。

這段 AI 營救的過程，我的好友陳儀深曾發表於中央研究院近代史研究所 2002 年 8 月 10 日出版的《口述歷史》第 11 期。

參加五二〇就職典禮

呂秀蓮出獄後的一年內，其他政治犯也陸陸續續被放出來了，驗證了 AI 的營救策略。1990 年李登輝頒布特赦令，這些人因而獲得赦免，呂秀蓮則回台灣投入選舉。

2000 年呂秀蓮當選台灣副總統，親自寫信邀請我們參加五二〇就職典禮。當時邀請名單是審了再審，十分嚴格，名額更十分有限，但呂秀蓮感念阿布庫基 AI101 小組的救命之恩，請小組所有成員都去觀禮。不過由於有些成員都已四散各地，實際前往參加觀禮的就是我和另三位成員。

當我們在觀禮台上看著呂秀蓮宣誓就任中華民國新一屆副總統時，眼前再次出現了我們當年在阿布庫基起草陳情書、打印請願信、製作卡片、郵寄卡片的往事，想到一名身陷牢獄的犯人，因為我們的營救而獲得自由，更當上台灣副總統，心中自是感慨不已！

就職典禮結束之後，我們寫了一份報告給 AI 總部，分享在台灣參加這場盛會的經過，報告當年我們所營救的良心犯，現在已經當上了台灣的副總統。這份報告後來也登在 AI 的年刊上。

除了救援呂秀蓮之外，我們小組還曾救援過一位蘇聯的政治犯及一位智利的政治犯，蘇聯那一位我們沒有救出來，而智利的這一位則有被救出。當時我已經離開阿布庫基，聽

小組成員轉述，這位智利的政治犯出來後，曾親自向我們小組的幾位成員表示感謝。

蘇聯和智利的兩個案件都是由倫敦總部直接下令的。總部案件很多，一般是由每個分部自行決定要接受哪一個案件，而並非每一個案件都接受。對於別人的案件，我們會比較被動地配合行動，自己負責的案件則主動策劃救援行動，我們一個小組通常每年接受一至三個案件。

加入國際特赦組織是我人生道路上一個十分重要的驛站，而參與策劃和營救呂秀蓮行動，更促成我在政治上的成熟，鍛煉了領袖能力，增強了自信心。在此之前我從未想過，以我一個普通工程師的背景，能夠參與到如此重大的政治事件中，但事實告訴我，我有能力做到！

列入黑名單

美麗島事件發生時，我已經在國家實驗室上班。我和玉清在阿布庫基的台灣人社區十分活躍，每年聖誕節都會請台灣學生來我家聚餐。但 1979 年來家裡聚會的人數突然少了一半，有人悄悄告訴我說，他們受到警告，不准來我家。

無端被視為台獨份子

我當時並沒有把發生在我身上的事與美麗島事件連在一起。但就在同一段時間內,當地國民黨的人警告我的一些朋友說,台獨份子正與共產黨合作要推翻國民黨,而這個台獨份子就是張希典,所以要他們「不要與台獨份子張希典來往」。

但我的朋友們為我打抱不平,說張希典娶的是外省人啊,他太太辦的是中文學校而不是台語學校呀,他怎麼會是台獨份子呢,這不合理呀!

聽到這些閒言閒語,我感到很無奈。我在朋友面前從不談政治,因為我有大哥的教訓。大哥在高中時受一名共產黨員同學的牽連被抓,差點被槍斃,後來雖免於死刑,卻被送感化三年,身心嚴重受創。

其實說起來奇怪,無論是國民黨還是民進黨或任何其他政黨,都從來沒有人動員我去加入,連呂秀蓮都沒有勸我加入民進黨!我就自己跟自己開玩笑:「張希典啊張希典,你到底怎麼了,居然成為一個到處都不受歡迎的人?」別人講台獨的時候,我不會插嘴。我覺得是當地國民黨的人認為我在台灣人社區有影響力,感到有威脅。

錢復為我開綠燈

1980 年 10 月我申請台灣簽證,但被拒絕,那時才意識

到自己上了黑名單，而我的護照已被台灣政府做了特別標記，使護照在任何地方都無效，這意味著我永遠不能回台灣了。

1986 年我姐姐得了癌症，我急著要回去探望，因為姐姐從小照顧我，我與她感情十分深厚，但我的回台申請再次被拒絕。我要回自己的家卻不得其門而入，這豈不是「乞丐趕走廟公」，真是太荒謬了！

我求助無門，就去找當時的美國內政部長 Manuel Lujan，又去找參議員 Pete Dominiche，他那時是參議院預算委員會主席，他們兩人都來自新墨西哥州，而我正好認識他們。

內政部長和參議員得到我的投訴後，馬上寫信給台灣駐美代表錢復，把錢復嚇個半死，因為這些美國高官他平時連見面的機會都沒有！他更擔心此事可能引發台灣的外交危機。

錢復於是馬上從華府直接打電話給我，問了情況後，立即給了我一次性簽證。他還擔心我到了台灣後，會遭台灣警察或秘密警察的暗殺。當時這種情況經常發生，如果台灣政府不喜歡某人，會製造車禍、事故，然後這個人就人間蒸發了。來自台灣的美國卡內基梅隆大學教授陳文成離奇死亡案件就是一個例子。

果然，我在台灣期間，當地政府每天都派警察在我家門口保護，怕我出事情，侄子就問我，叔叔，為什麼我家門口一直有警察走來走去？

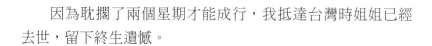

因為耽擱了兩個星期才能成行，我抵達台灣時姐姐已經去世，留下終生遺憾。

我到現在還不知道自己怎麼會上了黑名單，因為我沒有做任何事情，那時我孩子很小，要養家糊口，根本沒有時間做其他事情。我參加國際特赦組織時也是用假名。

當時的反共愛國聯盟中都是國民黨的忠貞人員，不少人擅長打小報告。我的感覺就是有人嫉妒我。我其實知道打我小報告的是誰，此人當時在阿布庫基台灣人社區很有名，後來就不再被重用。他也搬來灣區，信了教，上帝免去了他的罪惡。

1989 年李登輝當總統廢除了黑名單，我才得到多次返台簽證。

第四章　人生第二春

　　阿布庫基的生活實在單調，每個週末除了在家中割草就無事可做。我懷念加州的陽光，懷念那裡的多元文化。儘管玉清很喜歡阿布庫基，但我實在受不了了。好在聖地亞實驗室在北加州的利佛摩（Livermore）有個分部，我就向公司提出申請，要求調到利佛摩的聖地亞國家實驗室。

重回陽光州

　　很快，實驗室批准了我的請求，在利佛摩實驗室為我安排了一個工作。1996 年，我懷著與當年來美時同樣的喜悅心情，來到新公司報到。當時玉清在阿布庫基還有事要處理，我就先來打前站，為家人佈置一個新家。

　　我選擇在公司附近的佛利蒙（Fremont）落戶。

　　佛利蒙位於舊金山灣區的東面，1956 年建市，我去的時

候，該市才剛邁入不惑之年。佛利蒙在近 30 年中發展迅速，已經成為東灣最重要的大城市之一。

佛利蒙的特點之一，是人口組成多元，一半以上為主要是華裔和印度裔的亞裔，大部分居民均是在矽谷上班的高科技人員及家屬。從地理角度來說，佛利蒙是東灣城市，但從經濟角度來看，佛利蒙卻是南灣矽谷城市。

記得剛搬到佛利蒙時，我和玉清看到不時迎面相遇的華人面孔，感覺不知有多親切，以至於每天傍晚出去，就是為了看看久違的華人的臉！

灣區房價嚇我一跳

我一來到佛利蒙，就被這裡的房價嚇住了：這裡買一棟房子的頭款，可以在阿布庫基買下一棟房子。而這些當年 40 ～ 50 萬的房子，如今已經都成了百萬豪宅。

國家實驗室錢大氣粗，這是我們員工的福氣。在阿布庫基買一棟房子只要貸款 6 ～ 7 萬，但在這裡卻要借 40 萬。我買房子第一年 12 個月的房貸，80% 是由公司幫助支付的，第二年遞減為 60%，第三年 40%，依年遞減，直到我們逐漸有能力完全自理。

不過當時提出要到加州實驗室工作時，我並不知道公司的這個福利，就是簡單地想離開，沒想到老天爺又一次向我

伸出援手。

我在利佛摩的聖地亞實驗室一共幹了三年。由於那裡對我來說並不是全新的公司，利佛摩實驗室中的一切我都熟悉，工作十分順利。但是三年後，也就是 1999 年，一樁震撼美國的「間諜案」，促使我下決心提前離開實驗室。

李文和案的寒蟬效應

這樁所謂的間諜案就是「李文和案」。這個案子，美國華人幾乎人盡皆知，因為當時鬧得很大。同樣來自台灣的李文和，事發時在洛斯阿拉莫斯國家實驗室工作。

李文和是我和玉清相熟的阿布庫基台灣人圈子的朋友。他進入國家實驗室是在我之後。記得他獲得僱用後曾來找我，我當時已經在聖地亞實驗室武器部門工作，就以自己的感受勸他不要做與武器有關的研究。但他還是做了，以至於被捲入這樁大案。

李文和被控 59 項盜竊國家機密罪名被捕後，曾被單獨囚禁，但最後全部控罪都被撤銷，一位審理官司的聯邦法官甚至在庭上發表長達 19 分鐘的講話，代表政府向李文和道歉。

但是在官司水落石出之前，由於李文和的華人身份，國家實驗室裡的華人科學家、工程師都陷入可怕的氛圍之中，人人自危，因為到處是懷疑的眼光，好像每個華人都是間諜。

我也變得十分敏感，對非華人同事的每一句話都會仔細掂量，看是不是話外有話，那種每天繃著神經過日子的感覺，真是非常可怕。

　　記得當時有一位華人同事剛買了一輛新車。有白人同事看到後就問：這是你賣了多少情報換來的？這樣的話在當時的環境和氣氛中，即使說話的人真的是在顯示幽默，聽話的人也不會將它當笑話聽了。

　　那些日子裡我感到極大的精神壓力，因為害怕不知什麼時候，因為我的華人身分，同樣的大禍會降臨自己的頭上。

別了，聖地亞！

　　所以我決定提前退休，離開工作了 21 年的聖地亞國家實驗室。那年我 56 歲。因為屬於提前退休，我每月退休金只得全額工資的 30%。用巨大的經濟代價換取精神上的自由，可見我當時的壓力之大。

　　根據相關規定，我們離開國家實驗室五年內，若要出國，仍要向公司報備，直到五年後，公司認為我們的知識已經落後，我才獲得自由身，不用再報備。所以我是離開公司五年之後，才回到台灣。

優質潛力股

從聖地亞實驗室退休時我 56 歲，而 56 歲的我看上去才 40 出頭。這可說是我的優勢，誰不願意看起來比實際年齡年輕呢？但實際生活中，這一優勢卻成了我的精神負擔，因為不斷有人問我：你在哪裡工作？

所以我必須找工作。起勁地上網，不斷地申請，我好像又回到了博士後畢業時一下子寄出 200 封求職信的年代。但今非昔比，我已不是當年的我了：我懂得如何推銷自己，我已累積了豐富的人生經驗。

短短幾年中，我得到的有薪無薪的工作機會，要用兩隻手才算得過來，我就像股票市場的一支優質潛力股，到處受歡迎，申請一個得到一個，「頭銜」一個比一個好聽，「權力」一個比一個大，造就了我極其豐富的後半生。

大學教育長

退休後找的第一份工作是西北理工大學的教育長。這個職務其實是我從聖地亞實驗室退休前就得到的。西北理工大學位於高科技公司聚集的矽谷地區，是一間私立大學。學校也請我在畢業典禮上擔任主講人。

但去那裡不久，我就覺得自己不適合學校的家庭式管理方

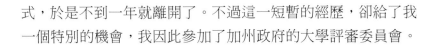

式，於是不到一年就離開了。不過這一短暫的經歷，卻給了我一個特別的機會，我因此參加了加州政府的大學評審委員會。

我離開西北理工大學前，就參加過大學評審委員會的工作。大學評審委員代表州教育廳，對新成立的大學進行資格審查。

儘管我只在學校做了一年，但因為我幾次參加評審委員會會議時給他們留下不錯的印象，加上我的領域是工程和資訊科學，而委員會裡這類專家很少，所以離開大學後，他們還是繼續找我。

每次有案子要審查，委員會會寫一份公函邀請我。從 2000 年到 2005 年，我共參加過 10 間大學的審查案。相對於有些委員一下子「槍斃」那些不合格的學校，我採取的是溫和態度，如果覺得那間學校不夠格，我不會當場拒絕，而是給對方第二次機會。

我會給他們一份應該改進的清單，3 ～ 6 月後再評審，這樣學校可以一邊開張上課，一邊改善，在第二次會議上報告改進內容，大部分學校最終都通過了資格評審 。

那些平時高高在上的校長們為了通過資格審查對我們都畢恭畢敬，而義工性質的我們工作的報酬，僅僅是一點車馬費，那時我就體會到，有時候，一個人的工資是多是少其實是沒有區別的！

公司副總裁

離開大學後，我被一家公司聘用擔任副總裁。這家公司的老闆是女的，老闆的丈夫對我很好，原本公司的工程師由他主管，但他的人際關係不好，而我為人隨和，公司的工程師們都願意與我相處。

這是一家初創公司，生產電源器（power supply），這個電源器的特點是體積很小。第一年公司做了 100 萬生意，然後公司希望集資，將生意做大。這本無可厚非。但女老闆要我以副總裁的身份外出集資時，要對投資人說，公司業務過兩三年可以做到 1,000 萬。

我覺得這太過份，因為兩三年內無論如何業績不可能翻十倍，算足了也只能做到 200 ～ 300 萬。我如實將自己的想法告訴了老闆，她就有點不高興。但我想，我不能撒謊啊！更何況，投資商也是追求一本萬利的，如果你只能賺一倍他們也不會幹。

這個公司規模不大，美國總部 20 人，負責研發；台灣分部 10 人，負責生產。因為沒有資金進來，生意又不好，公司決定關閉台灣分公司。老闆就讓我去執行關閉的任務。

我與台灣員工相處很好，關閉公司砸他們飯碗我於心不忍。我覺得公司做得不好不是台灣 10 個員工的責任，而是總部的責任。要砍應該砍總部的人啊。

所以結果是：我沒有解雇台灣的人，回來後老闆把我解雇了。

位高權重的公務委員

2002 年，我得到了阿拉米達縣公務委員會委員（Civil Service Commissioner）的任命。那是一份義工性質的工作，沒有薪水，只有車馬費，但因為權力大榮譽高，所以也是一個人人趨之若鶩的職位。

得到這份工作也是因為玉清的緣故，她與當時負責阿拉米達縣第三選區的縣議員賴燕屏相熟，賴燕屏了解我的背景後，就任命我擔任公務委員會委員這個榮譽職。

美國的行政結構與台灣類似，縣在上，市在下。阿拉米達縣地區很大，有十幾個獨立城市和幾個縣屬城鎮，北到奧伯尼（Albany），南到佛利蒙（Fremont，就是我居住的城市），東到利佛摩 （Livermore，就是聖地亞實驗室所在地），西到柏克萊（Berkeley，就是柏克萊加大所在城市）和艾姆瑞維爾（Emeryville） 等海邊城市。

這個工作是五年一個任期，每人最多可做 13 年。目前我在第二個任期。第一個任期是 2002 ～ 2007 年，但因為我回台灣工作，所以只做到 2005 年，沒有做完任期。

第二個任期從 2011 年開始。當時我從台灣回來，很想在

公務員委員會繼續服務，於是就去參加了另一位縣議員 Nadia Lockyer 的市民咖啡敘。

當時我並不認識 Nadia。我這個人做事經常心血來潮，不請自去地「闖」到會場後，我要求 Nadia 給我五分鐘時間做自我介紹。很奇妙的是，當我告訴她我曾經參加過國際特赦組織的工作時，她的直接反應是：沒問題，你是一個好人！她根本沒問我的學歷等其他個人情況！

原來她在高中時也參加過國際特赦組織的活動。就這樣，只花了五分鐘的時間，我就得到了公務員委員會委員的第二次任命。我參加國際特赦組織是 30 年多年前的事情，卻沒想到會因此而令我的申請變得如此順利。

我為什麼那麼熱衷於做這個工作呢？因為我是國家實驗室第一期的亞裔員工，在我之前，國家實驗室不收外國人，甚至不收歸化的美國人，只收土生土長的美國人，因為他們不相信由非美國土生土長的外國人歸化的公民。

我在實驗室等單位工作前，曾親身遭受過歧視，如前面所說，我明明被 Dikewood 任命為項目經理，卻被 EG&G 剝奪了機會，因為他們不想與我這個華人共事；

我在國家實驗室參加地下核試爆談判工作表現傑出，老闆卻公然無視事實，給我「平均之下」考評，就欺負我是長著黑頭髮黑眼睛的華人！ 令我感動的是，當時有一些白人同

事聲張正義，為我打抱不平，所以我就下決心，今後也要主持正義，為受委屈的人講話。

　　阿拉米達縣每年的預算是 30 億美元，全縣分五個選區，每個選區有一位議員，他們都很忙，所以每個議員選擇一個委員管理公務員這一攤子的事。每個委員均需要有至少三位議員贊成才可獲聘用，但如果要解聘則需要四票。

　　阿拉米達縣共有 9,600 名公務員，其中包括 1,500 名警察，我們這個委員會的工作就是負責這些公務員的任用、解雇、升遷與懲處，並握有最後決定權。

　　公務員委員會權利很大，我們五個委員要對每個案子投票，超過三票才能通過。這個工作很有意義，因為牽涉到具體公務員的切身利益。

　　一般這類案子分三個層級處理，如果當事人不服，先是由縣府內其他部門的人來審核案子，通常結果就是維持原來的處理意見；當事人如果還不服，縣府會將案子送到州政府的行政法庭，由那裡的行政法官（Administrative Judge）審理，最後才到公務員委員會。

　　公聽會上有爭議的多是對員工的懲處案，比如解僱、降職、降薪等。當事人或他們的律師會先在公聽會上陳述，而委員會的討論都是閉門會議。雙方還有最後一招可使，就是向法院訴訟。不過絕大多數情況下，法院不會推翻我們的決定，

所以我們的決定是至高無上的。由於委員會的決定直接關係到當事人的命運，所以要十分謹慎。

公務員委員會每兩週開一次會，會前要看好多資料，因為公聽會上雙方的律師都是很會講話的，他們的用詞都很高級，我們提問也不能太低級，所以要花很多時間準備。

有一個案例特具戲劇性，給我留下很深刻的印象。一名有犯罪學碩士學位的警察，因為一個小過失被警察總長處以解聘的處罰，該警察不服，幾次上訴，最後案子到了我們委員會。

我仔細研究了案情，覺得他做事不小心犯錯固然不對，但犯錯的程度不至於被解雇，於是提出改為停職一年的處理建議，得到兩位同事的支持，以三票贊成的表決通過了我提出的處分建議。因為案子上訴處理過程已超過一年，該警察在決議通過的第二天便恢復上班了。

這等於挑戰了警察總長的權威。警察總長就將當事人和我們委員會告上法庭，但警察總長的律師告訴他，贏的機會不大，法庭通常是支持委員會的決議。最後雙方達成和解，該警察是以退休而不是被解聘離開警察局，保住了退休金和醫療等福利。

但誰會想到，該警察在簽了這份協議之後的第二天就死了！原來他早就患有重症，但一直瞞着，我猜想他是因為事情解決，家屬獲得他的退休福利保障，所以卸下了心頭重擔，

一下子就去了。

擔任縣府委員需要申報個人財產，這令我感到自己好像真的當了大官！在那裡做得久了，也逐漸了解了美國政府內部的遊戲規則，美國的政客們需要不斷地籌款，來應付一個個競選活動，作為下屬，如果老闆獲得連任，你的工作就有保障，所以你要時不時地參加這類捐款活動，因為自己的利益就在其中。

但我的情況卻不一樣。我目前的老闆是縣議員 Richard Valle，一次他以過生日的形式籌款，給我們發來請帖，請帖上明列不同的捐款檔次，最低的是 200 元，可以帶一位客人。我就選擇捐 200 元，帶著玉清一起參加。我們是該籌款會上唯一的一對華人夫婦。

沒想到生日會過後沒幾天，我收到老闆寫來的一封十分親切的信，信中說了我們很多好話，稱我們是一對很有愛心的夫婦。後來發現他並沒有去兌現我們的支票。

這種情況很少發生，因為籌款總是多多益善！Richard Valle 議員後來又延聘了我一個五年的公務委員任期，但他根本沒有拿我的捐款。所以我很自豪，在這件事上，我們都是清廉之人！

我參加委員會之前，有人形容公務員委員會是橡皮圖章，基本上委員們不做充分討論，不提供自己的意見，因為大部

分案子都是事先已有決定，特別是僱人的案子，一般就這樣過了。

我發現他們有些工作做得很草率，如僱人，5、6月已經上班了，但正規的流程沒有做，7月才通知我們，但那人已經工作多時了。我就很生氣，這分明是把我們當橡皮圖章嘛！我提出後，這種情況就沒有再發生。

按照相關勞工法，政府部門主管不能強迫有精神問題的員工去看精神醫生，而必須經過公務員委員會的同意。有一名員工獲委員會同意去看精神科醫生，結果被診斷有精神問題，他就去告醫生，還指名要我去當證人。

我就問，為何找我當證人？還開玩笑地加了一句：是因為我長得帥嗎？我猜他找我的原因，是因為覺得我會支持弱者。這也說明我們開會時坐在台上，但一舉一動都在公眾眼皮底下，受人關注。

但我後來沒有去為他當證人，因為縣府律師不同意，律師只提供了那人打官司需要的材料，如委員會支持讓他去看醫生的會議記綠等。這個人的如意算盤是，利用他母親留下的4-5萬元去打贏官司，從而獲得更高賠償。

委員會的會議都是向民眾開放的公聽會，一般每次有50多聽眾，他們中有的是涉案人員的親朋好友，有的就是關心市政的公民。我加入委員會後，參加旁聽的人多了起來，因

為會上有討論，旁聽民眾於是說，現在的公聽會比以前有意思多了！

歐羅尼社區學院公債委員／校長顧問

我也是所住城市佛利蒙歐羅尼社區學院（Ohlone College）公民公債監管委員會成員。歐羅尼社區學院先後有兩個公債案。2002 年通過的 1 億 5 千萬元公債，其中一億元是用於在鄰近城市紐華克市（Newark）建一個新的校園，由來自社區的市民組成監督小組來監督確保這筆錢完全按照提案要求的去做，保證執行的透明度，我當時就是委員會成員之一。

然後在 2010 年 11 月 2 日，選民又通過了歐羅尼社區學院發行 3 億 4 千 9 百萬公債的提案，這次公債的錢是用於修繕和更新佛利蒙總校園內的設施。這些公債，由附近城市的地產稅，分十年歸還。而華爾街如何發放公債、使用公債時如何設定項目的輕重緩急等知識，都是我加入監管委員會後學到的。

我於 2014 年第二次加入監管委員會，目前是委員會副主席。這個服務性職位任期兩年，可連任三個任期。

也許是我當工程師所受訓練的緣故，我做任何事情，都是一板一眼，絕不含糊其事。第一個公債期間曾發生了一件事情。當時校長說，估計新校舍學生不會那麼多，準備減少

新校舍營建經費，將其中的 5% 移到總校去做一些維修工作。

一億元的 5% 就是 500 萬元，這是個大數目啊！當時 11 位委員中，有 10 人都同意校長的意見，就我一人不同意。因為我覺得公債案是選民投票通過的，應該切實按照公債案的條款執行，而不應該挪用。

後來在校董事會就此事舉行公聽會時，我就以市民身份在公聽會上發言，陳述反對理由，強調每個公債都有特定的用途，如果老校園需要錢維修，應該再發放一個公債而不是用這種挪用的方式。

但校董會還是以 6 比 0 通過了挪用經費的決定。我回家後越想越氣，就寫了讀者投書給佛利蒙的英文報紙 Argus。報社很重視，將我的文章改以專欄全文發表。校長後來寫信向報社解釋，覺得我講的是對的，就把挪用的錢吐回去了。

我以一人之力對抗 10 人，力挽狂瀾，現在想來，自己都佩服自己！我就是這樣，堅持做認為是對的事情。所以我現在去紐華克的新校園會感到很自豪，因為是我保證了建校資金沒有被挪用：試想，如果地毯少了 5 ％ 的錢，就不能買高質量的貨，十年之後就會壞掉又要換了。

新校園採用綠色能源太陽能和地熱，把水管延伸到地下 400 英尺的地方水就會變熱，冬天上面華氏 50 度但在地下可達華氏 90 度，省掉很多煤氣費。這些都是我提出的，因為這

是我的專長。所以委員會中有懂行的人很重要。

我對數字特別敏感，在歐羅尼社區學院公債監督委員會，我會很快找到問題，但我會給人台階下，不會讓人尷尬。

我因為擔任公債監督委員表現突出而獲得校長任命擔任校長顧問委員。校長顧問團約有 25 人，大部分是有頭有臉人士，佛利蒙市長高敍加（Lily Mei）、三連市報業集團老闆等都是顧問委員會成員。我這個普普通通的市民，經常與這些大人物坐在一起規劃學院發展大計，而諸如工程破土、項目剪綵等隆重場合，我也參加過好幾回呢！

◀ 我（右）和佛利蒙市高敍加（中）同在歐羅尼社區學院校長顧問團服務。左邊是玉清。

縣高等法院諮詢官

我還有一個頭銜：佛利蒙阿拉米達縣高等法院的諮詢官

(Court Information Officer)，我自稱是 CIO。這也是一個義工工作，主要是回答民眾有關法院的問題，每週三去那裡一天。在當法院諮詢官，要經過 FBI 的身家調查。

佛利蒙現在華人居民所佔比例極高，其中很大一部分是來自大陸的新移民。新移民來到一個新國家，要學習當地的文化，遵守當地的法規，遇到犯法犯規的事，就很害怕。

年輕時我喜歡看電影，這對我在法院的工作幫助很大，因為很多時候，我就是用從電影裡有關法院的一些常識做參考，回答民眾的問題。我們經常面對的問題，不僅僅是法院內部指南，不少人還會問許多具體問題，如交通罰單該怎麼處理，是上法庭好，還是繳罰金了事好，如果上法庭會有怎樣的結果。

不少新移民拿著罰單來到法院，可是找不到東南西北，又因為不會講英文，來來回回地，就像熱鍋上的螞蟻。然後，他們看到了我，與他們一樣的黑頭髮黑眼睛，講他們聽得懂的中文，就像見到了親人，將我團團圍住，問長問短。

開車拿罰單的多是年輕人，因為有些年輕人開車就是會橫衝直撞。有時看到那些 20 多歲的女孩穿著清涼地來法院，我就會開玩笑地想：哈！法官會不會因為眼睛吃冰淇淋而降低她們的罰款呢？

一般來說，我們是不能向前來法院的人提供具體解決建議

的，但我可以向他們解釋這裡的法律，更可以帶著他們，從這個部門走到那個部門，幫助他們把罰單付了，把事情搞定，使他們安安心心地回家。

◀ 阿拉米達縣高等法院諮詢官。

　　於是人們經常可以看見一位華人法院諮詢官，身後跟著幾個華人，在法院大廳裡走來走去。法院有位華人諮詢官的消息不脛而走，現在，我每次去法院，都會有很多「粉絲」等著我，因為許多人就是特意選擇星期三我執勤的日子去法院！

　　看到自己成為大家需要的人，我感到很開心，特別是想到以我這樣的年齡，還能夠幫到年輕人，更是很有成就感！

　　在法院可以看到人間百態。我發現有為數不少的律師，西裝革履地在那裡推銷自己，希望拉到需要打官司的客人，看著也是滿可憐的。

快樂的義工

　　當義工是美國文化特色，也是美國社會的傳統，不少美國人退休後，都會找幾個地方當義工，一是排遣寂寞，二是發揮餘熱，造福社會。

繆爾紅木國家公園導遊

　　在國家公園當導遊的經歷，真是為我的退休生活錦上添花。而我們選擇去紅木公園當義工，則還有一層特殊考量：我們是以義工行為，來報答當年國家公園向我們張氏集團購買100台電腦。國家公園是聯邦機構，張氏集團是名不見經傳的小之又小的少數族裔公司，國家公園選擇了我們，這在當時對公司的鼓勵，非筆墨能夠形容！

　　紅木公園離我家約一個半小時的車程，去一次光路上來回就是三個多小時。我們夫妻檔在那裡的義工隊伍中是很引

人注目的一對。我們的具體工作，是帶領遊客們遊覽公園，向他們介紹公園的歷史以及園中的植物和動物 。

▲ 在繆爾紅木國家公園為來自各地的遊客當導遊。右三就是我啦！

根據介紹，大約在三千年前，北美原住民就已經居住在紅木國家公園的範圍內了。1908 年羅斯福總統（Theodore Roosevelt）宣佈定繆爾森林為美國第七個國家紀念公園，大量

遊客湧入公園觀賞，1937 年金門大橋建成後，當年訪客人數猛增三倍。1945 年 5 月 19 日，聯合國和國家公園服務局舉辦了一個特別的紀念活動慶祝另一位羅斯福總統（Franklin D. Roosevelt）的一生，紀念他對推動成立聯合國的貢獻。

這都是我們在義工培訓中獲得的知識，然後我們再把這些知識傳遞給遊客。在紅木公園當義工最大的好處之一，是呼吸最新鮮的空氣，而帶著遊客們一路參觀，也是健身的好機會。對了，有一次灣區一個英文電台去那裡採訪，還訪問了當義工的我，當天就有朋友對我說，嘿，張希典，我在電台聽到你用英文接受訪問呢！

慈濟數學班主任

我也曾在慈濟當過志工。當時正值 911 事件之後，我原本在一家研究光電纖維器材的小公司的光電部門工作，911 後公司生意垮了，我工作的光電部門遭裁撤，我就沒有了工作。

當時心裡有很大的怨氣，感到自己人生特別不順，尤其是當朋友問起自己在哪裡高就時，我的心裡就很不是滋味。但是慈濟將我從中解救出來。

我早就聽說過慈濟這個組織，但上班時沒時間參加，那時正好失業，就有了參加的條件。我在慈濟的服務與一般志工有所不同，我是利用自己專長，在東灣慈濟分部開辦數學班，

請來一些「慈青」大學生當數學輔導員。

最初為慈濟辦數學班，是因為阿拉米達縣議員賴燕屏。我離開國家實驗室之前，賴燕屏曾到實驗室參觀，回來後就打電話給我，希望我能組織實驗室的同事，輔導縣裡學生的功課。

我當時就建議由慈濟來執行這個計畫。因為實驗室的博士、碩士們很多沒有當義工的經驗，要他們放下身段輔導高中生，可能不易。

慈濟數學班學生來自附近高中。我直接去學校拜訪老師，介紹數學班，請老師幫著在學生中做宣傳。數學班每期控制在 50 人左右。高班的人畢業離開了，再接受新學生。

當時我就是覺得，慈濟應該打入主流社會，而且要幫助年輕人，因為他們是社會的棟樑。慈青的大學生們比較單純，他們的年齡其實與他們輔導的高中生相差無幾。

和這些大學生一起工作，我感到很開心，也將他們當作自己的孩子對待，有時他們起床晚了，來不及吃早飯就急急地趕來，我怕影響他們的健康，就在前一天去超市拿一些當天賣不掉的免費麵包，第二天帶去給他們吃。

參加數學班的學生大多來自低收入家庭，在校成績較差。數學班提供免費輔導，教他們的又都是柏克萊、史丹福的大學生，家長們十分感激。

有一個拉丁裔學生每週五到 Tracy 市的祖父家過週末，他就要求祖父第二天開車送他去聖利安卓市（San Leandro）上數學班，祖父很奇怪，因為這個孫子平時貪玩不喜歡上學，現在居然週末要去上數學班，於是就到我們這裡看個究竟，看完後他十分感動。

我們的數學班是一對一補習，一個大學生對一個高中生。很多孩子因為成績不好，在學校上課時有問題也不敢問，使問題越積越多，積重難返，但在數學班得到一對一的輔導，問問題就沒有顧慮了。

其中有一個學生，以前上課經常躲在角落裡，生怕老師叫到他，參加數學班後，問題一個個得到解決，他越學越有自信，後來老師上課提問，他居然舉手回答，令老師十分驚訝。

數學班開在賴燕屏縣議員的辦公室，那裡週末原本冷冷清清，數學班開辦後，年輕人的歡聲笑語，為辦公室平添活力，也增加了賴燕屏的政績。灣區中文報紙也報導了數學班，不僅令我出了風頭，賴燕屏也特別高興。

我也負責過慈濟與媒體聯絡，當時我特別找了一些主流媒體，向他們介紹慈濟這個組織，增加了慈濟在主流社會的曝光率。當時與我一起做數學班的慈青，現在不少都成為各領域的重要人物 。

這一段時間我很開心，一方面做自己想做的事情，另一

方面因為接觸年輕人，他們的單純和熱情也感染了我。我心中的怨氣就在不知不覺中消失了。哈哈，這真是治療憂鬱症的良方！

　　這些經歷對我的成長幫助很大。是的，雖然年紀大了，我們還是必須不斷學習、不斷成長，使自己逐漸成為更好的人。

▲ 我主辦的慈濟數學班，匯集了柏克萊加大、史丹佛大學的慈青成員，幫助東灣低收入家庭學生，成效卓著。站在第二排中間的就是賴燕屏和我。

僑委會僑務委員／僑務諮詢委員

我當過兩任台灣僑委會僑務委員。僑務委員由總統任命，以前是三年一任，現在改為兩年一任。僑務委員是一個無薪義務職，是海外華人代表，在台灣僑胞中很受尊重。

僑務委員之後有僑務諮詢委員，由僑務委員長任命。還有僑務顧問、僑務促進委員。在我的僑務委員任期期滿後，我一直被續聘僑務諮詢委員，2006年我還以僑務委員的身份，坐在僑委會大會的主席台上。

我共擔任過兩任僑務委員，第一任是 2003 ～ 2005；第二任是 2005 ～ 2008。2003 年時與我一起獲得任命的除我之外還有其他 4 人。

詭譎的是，5 位新科僑務委員中，有兩人先後在 1 ～ 2 年內去世，其中一人是被謀殺的舊金山中國城僑領梁毅；另一人是親民黨的，才 40 多歲，患癌症，兩年內就死了。我開玩笑說，看來僑務委員也是「高風險」職務。

僑務委員每年要回台灣開會一次，而遇到台灣大官來灣區，陪同他們吃飯應酬、送往迎來的事，也是我們僑務委員的公務。

2011 ～ 2018 年，我獲聘擔任僑務諮詢委員，幫助舉辦台灣文化節，華運會，包括捐錢。

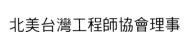

北美台灣工程師協會理事

來到灣區後我如魚得水，參加了許多社團活動，「不小心」就給選上北美台灣工程師協會理事。灣區有一個國民黨辦的玉山科技協會，我們這個是民間辦的。

我當上協會理事後進行了一些改革，最有成效的就是改變研討會官方用語。當時為了推廣台灣，協會的研討會都用台語，我發現每次會議只有 10 個人參加，就覺得辦得那麼辛苦才幾個人參加，不對頭。我認為參加者不多的原因，是因為好多人聽不懂台語。

我就提出要改語言，但也意識到不能太急，就先找一個台灣意識很強的人，以中文演講，這樣就不會有人為難我，改變語言的第一次研討，參加者人數就激增到 50 人。

我很受鼓舞，決定再接再厲，又提出研討會使用英文，使更多人可以參加，參加人數就從 100 人，150 人，增加到 200 人，很多美國出生的華人 ABC（American Born Chinese）工程師也來參加。

但協會一些元老級人物反對我，認為我這隻「小貓」剛進來就事情多多。一年後協會改選理事，我找了許多年輕人競選，與大佬為主的提名委員會分庭抗禮。

我利用會議主持人的身份，要求候選人用英文做自我介

紹，但這些大佬候選人英文很爛，很多人就不敢上去，而我找的年輕人英文很棒，後來都當選了。協會因為新血的加入更有朝氣，那些大佬們都傻眼了！

改變協會官方語言及增加年輕理事後，協會逐漸擴展到洛杉磯、休士頓等外州城市，成為全國性組織，協會的人後來就很感激我。我為人處事瀟灑豁達，也不戀位，所以其他人都不用擔心我，兩年後我就離開了。

我因為一直與美國朋友交往，所以英語一直在進步。有一次我與一位主任一起出差，去航空公司櫃檯登記，他是頭等艙我是經濟艙，但票子打出來時我變成頭等艙。

原來我們兩人在登記時，我的英文說得很溜，有當官的樣子，但那位主任英文講得結結巴巴，櫃檯登記小姐看著覺得他不像個當官的，就自說自話把我們的票子換了。

那主任發現後就把座位換回來，但抵達目的地時，我的行李先出來，而他的行李等了很久才出來，因為光是換了座位，行李沒換啊！

所以有時候你有頭銜但沒有本事也沒用。我一直在學習，這還得感謝在新墨西哥的歲月。新墨西哥州華人不多，我打交道的大多是美國人，每天和他們練英語，進步就很明顯！

華運會顧問

我也在 2004 年當過灣區華人運動會（簡稱華運會）顧問。華運會是台灣人社團辦的年度體育活動，每年都有上千人參加。華運會原先的英文名字是 Chinese Athletic Tournament，然後有人提出要改成台灣人運動會 Taiwanese Athletic Tournament。但這樣的名字會限制僑胞的參與。

我當顧問之初，就提出可以將 Taiwanese 放進去，但不要去掉 Chinese，所以就成了 Taiwanese and Chinese Athletic Tournament，因為我擔心把 Chinese 拿掉後，國民黨那些人就不來參加了。

15 年前台灣有一半人認同自己是 Chinese，但今天 80% 的人認同自己是 Taiwanese，因為當時國民黨洗腦比較成功，讓民眾相信自己既是 Chinese 也是 Taiwanese。

最初台獨人士反對將 Chinese 留在名字中，而統派人士則覺得 Taiwanese 是 Chinese 的一部分，不用列出來。

2008 年國民黨執政後，華運會主席及理事們曾建議把 Taiwanese 拿掉，但台灣外交部和僑委會不同意，如果連台灣的字樣都沒有，誰知道這是台灣政府支持的活動呢？

　　所以現在華運會的英文名字是 Taiwanese and Chinese Athletic Tournament，而這個名字是我提出的。

| 台 灣 篇 |

第一章 嘉義，我親愛的故鄉

▲ 1950 年的全家福。前排是父母和我（右），後排左起為三哥張希模、二哥張希耀、大哥張希森、姐姐張淑芳。

　　1943 年，我出生在台灣嘉義一個普通家庭。儘管離開嘉義 50 多年了，但家鄉的一草一木，家門前的那條小河、父親的慶昇電影院、母親的佛堂、我的糖果店……依然清晰地留在我的腦海中。

魂牽夢縈回故鄉

我家是一個大家庭，父母加上兄姐共七人。我有三個哥哥和一個姐姐，我是老么；三個哥哥分別比我大 13 歲、11 歲、6 歲；姐姐比我大 9 歲。

二次世界大戰時，戰爭都是在日本之外的國家打，戰爭結束前兩年戰場轉移到日本，而當時台灣被認為附屬日本，美國軍隊就去轟炸台灣。我的童年記憶中，許多日子就是與刺耳的空襲警報和不斷躲避到防空洞連在一起。

因為戰爭，我的童年營養不良，家裡缺米缺油，更不要說喝奶。我家那時在火車站附近有棟房子，也在美軍空襲中被炸毀。我小時侯家裡一直是租房子住，居住條件很差。

母親教我背三字經

母親名叫陳月桂，有一雙大大的腳。她的娘家是書香門第，全家人都很有學問，我的外公是清朝狀元，母親也在學堂裡讀到小學畢業，在那個時候，小學畢業的女孩子並不多。

我三歲時，母親就教我背三字經。三歲的我不喜歡背書，記得每次被母親抓去背「人之初，性本善」，我就能躲則躲，但卻總是被母親找到。70 年前的記憶早已淡漠，唯有母親教我背三字經的往事，依然歷歷在目。

現在想來，有母親教你讀書寫字，是多麼美好的事情！

▲ 這就是我的父母，一對忠厚老實的台灣夫婦。

王永慶曾在我家打工

父親名叫張啟樵。

我家原本是新莊鎮人。新莊曾經是繁忙的海運港口，是一個很富足的地方，但後來由於港口泥沙淤積導致船開不進來，所以就逐漸衰敗了。父親於是就轉到嘉義落戶。

父親去嘉義後，在那裡開了一家嘉南米店。如果你看過

台灣首富王永慶的自傳，你可能記得自傳第一頁提到他在米店扛米包的情節，那我就要告訴你，他打工的那家米店，就是我父親開的嘉南米店。

王永慶與我父親是新莊同鄉人，早年他尚未發達時，聽說我父親去了嘉義，就去投奔我父親。王永慶哥哥與我父親年齡相近，兩人是拜把兄弟。王永慶哥哥很早過世，所以報紙對他的報導不多。

父親當時就收留了朋友的這個弟弟，為他在店裡提供了一份工作，父親當時哪裡會想到，他參與造就了一位台灣首富的未來！

王永慶的哥哥幫助經營王永慶的南亞塑膠公司，就逐漸發達起來，他去渡假時，就會開車來我家，接我父親一起去玩。那時有車子的人不多，他開一輛很漂亮的黑色轎車，非常神氣，每次來我家都引來鄰居的側目，我父親也跟著沾光。

後來王永慶的一個兒子知道我父親在他爸爸落難時曾幫過他，心存感激，就想報答。我父親是一個有很高道德操守的人，從不趨炎附勢，奉承拍馬。王永慶發達後，父親從未去找過他。

王永慶的兒子了解我父親的脾氣，知道他不會接受別人贈送的禮物，但又要了卻報恩的心願，於是就想出一招，對我父親說，他要開一個公司，但苦於沒人投資，希望我父親

投資一筆錢幫他。

我父親就想，那是好朋友的兒子啊，當然要支持，就投資了他需要的那個數。其實那不是新公司，而是開了2～3年、已經走上正軌並開始賺錢的公司。但如果照實講，我父親是不會去貪圖這個好處的。

三年後王永慶的兒子又來找我父親，說「伯伯，你運氣真好，你賺了好多錢，這些都是你的！」他就是透過這樣的方法報答我的父親，而我父親就一直以為，他真的幫了王永慶的兒子！

有董事長頭銜的父親

父親在我心目中的形象是很高大的。他一生清廉，對人仗義，樂於助人，雖從未大富大貴，但一直過得很好，因為一直有人幫他。他也是一個很有原則的人，經常幫鄰居朋友解決紛爭，大家也都聽他、服他，但他卻從不聲張，低調做人。鄰居都說，要是他當年出來競選市議員，一定選得上。

那時我家住在城裡，父親有一個好聽的頭銜：電影院董事長。其實父親原先是電影院的會計，但與電影院老闆柯麟關係很好。柯麟後來出來競選市議員並且成功當選，結果卻在228事件中遭了殃。

當時國民黨認為，能夠當選市議員的一定是領袖人物，

這些領袖人物能夠當選，說明他們在基層有號召力，這對國民黨政權是個威脅，於是就把那些市議員全部抓起來槍斃，柯麟也在其中。

執行槍斃的「法場」是在嘉義火車站，當局將老百姓趕到火車站看公開槍斃的行刑過程，以達到殺雞儆猴的效果。

柯麟有個 20 歲的兒子，被抓之前他曾向兒子交代，有朝一日若接掌電影院，一定要尊重我的父親，將我父親當作自己的長輩對待。

火車站公開槍斃發生的當晚，老百姓都噤若寒蟬，害怕到了極點，柯麟的兒子甚至不敢去為父親收屍。眼見老朋友的屍體在光天化日下暴曬，我父親於心不忍，晚上，他毅然走向火車站，將柯麟的屍體抬了回來。

柯麟的兒子當總經理後，給了我父親董事長的頭銜。但其實這個董事長是沒有股份的。電影院裡有一個糖果店，總經理就把糖果店交由我父親去管理，由我母親負責經營，賺來的錢就歸我家。

當時嘉義有兩三間電影院，而慶昇電影院規模最大。

但外面誤以為我父親真的是董事長，很有錢！由此也為以後受國民黨的敲詐勒索種下禍根。父親當上空頭電影院董事長，受益的是我，我因此有機會看大量的電影，包括好萊

塢電影，我對電影的興趣就是那時候培養的。直到現在，我還是很喜歡看電影。

大哥因 228 事件而受害

　　大哥張希森比我大 13 歲，他是台灣白色恐怖的直接受害者，年紀輕輕就憤世嫉俗，因為他有過一段非常不堪的痛苦經歷。

　　大哥上高中時，參加了班上的一個讀書會。同班有一名共產黨員同學，但大家當時並不了解他的政治背景。那個共產黨員學生也在讀書會中。後來政府了解到他的共產黨員身份前來抓他，但被他跑掉了。

　　國民黨對付共產黨的口號是「寧可錯殺一百，不可放過一人」，政府於是就把全班 50 多個學生統統抓起來，全部判死刑。大哥也在其中。

　　那些被抓的高中生才 17 ～ 18 歲啊，居然要做代罪羔羊被處死，家長們害怕極了！有幾位家長打聽到那個共產黨員學生躲藏的地方，於是找到他，央求他出面拯救無辜的同學。

　　該學生經過良心掙扎，選擇出來自首。照理說，政府的追捕目標已經到手，應該馬上把連坐的同學放掉才是，但國民黨要面子，不僅沒有放掉被抓的學生，還將他們送到火燒島感化三年。

　　火燒島就是綠島。那首「綠島小夜曲」因為音樂優美而膾炙人口，殊不知作為有家人在那裡被感化的我們，聽到這首歌時心中是怎樣的別種感覺！那個自首的共產黨員學生後來當然就被槍斃了。

　　大哥被送到火燒島後，還不確定會不會再被判死刑，因為在那個時候，任何事情都可能發生！但他從火燒島寫給家裡的信中，又不能明確提「死刑」兩字，只能隱晦地說：「爸爸，我很對不起你們！我可能會像柯麟伯伯一樣……」就是指他可能也會被抓到火車站槍斃。

　　父母親接到這封信真的不想活下去了！

　　大哥在火燒島的三年感化期間，那些國民黨的官員不斷到我家敲詐勒索，因為他們認為我父親是電影院董事長，一定很有錢，就今天幾萬明天幾萬地獅子大開口，說只要出了這些錢，我大哥就能放出來。

　　父親救子心切，就這裡給一萬那裡給十萬地一直燒錢。但錢出去了，大哥卻沒有回來。我當時才 8 ～ 9 歲，印象中不斷有國民黨貪官污吏來我家，他們個個趾高氣揚，凶神惡煞，假「拜訪」之名，行敲詐勒索之實。

　　他們一來，家裡就要買魚買肉，準備一大桌請他們吃，他們吃飽喝足，拿著父親準備的金錢，大搖大擺地離開，留下父母不敢怒不敢言的悲戚戚的臉。由於飯菜做的量很大，

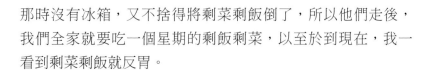

那時沒有冰箱,又不捨得將剩菜剩飯倒了,所以他們走後,我們全家就要吃一個星期的剩飯剩菜,以至於到現在,我一看到剩菜剩飯就反胃。

這些人要麼是警察,要麼是秘密警察,反正那時候誰都可以來嚇唬我們,他們到底來自哪個部門,我們根本不知道,也不敢問。那時國民黨的秘密線民,隨時可以打你小報告,搞不好明天就會被拉去火車站槍斃。

有的貪官開口要十萬,但我們拿不出啊,他就去告狀,說前一天在他們慶昇電影院被蚊子咬了,說明裡面不清潔,責令我們休業三天大掃除。休業就沒錢賺了,他們就是用這樣的惡劣手段對付我們,而他們都是嘉義市的官員和警察。

他們這樣對待我們,一來因為我們是本省人,二來因為我父親的董事長頭銜,讓人們以為我家很有錢。但是錢給了、飯請了,哥哥還是在火燒島。

有一天我在父親的米店前玩,大哥突然出現了,把我嚇了一大跳!原來國民黨釋放那些學生不讓家人知道,學生們就直接坐火車到嘉義火車站。被關押三年後,大哥就這樣出現在家人面前,令家人驚喜交加!

大哥獲釋後就在父親的米店當會計,沒有去讀大學,以後就平平淡淡地過一生。

那時糖果店由母親經營。但母親因為大哥被抓開始信佛，每天上佛堂拜拜，求菩薩保佑大哥。佛堂於是對她說，你要捐錢，捐好多錢，你兒子才能放出來。母親救兒心切，信佛信得很虔誠，捐了好多錢，還將自己的時間都給了佛堂。

後來大哥被釋放，母親信佛信得更虔誠，她認為是佛祖幫了大忙，她放下電影院糖果店的生意不做，全身心到佛堂侍奉，大哥二哥對母親的行為十分不贊成，也因此不願幫忙糖果店的生意。

但糖果店還是需要有人經營啊！這件事就落到我的肩上，當時年僅 10 歲的我，就代替母親經營糖果店了。兩場電影之間會有很多客人來買各種各樣的東西，但間隔時間很短，我必須同時記住誰給了多少錢，要買什麼，我的數學童子功就是那時候練出來的。

管理糖果店對我的一大好處，是近水樓台先得「糖」，10 歲的孩子嘴饞，我一邊做生意一邊往嘴裡放糖果，以至於後來滿嘴都是蛀牙！

二哥遇上 823 砲戰

二哥張希耀比我大 11 歲，他很會讀書，是我們家第一個大學生，也是我的台大電機系校友。因為親身經歷過 823 砲戰，所以二哥也是年紀輕輕就憤世嫉俗。

823 砲戰是 1958 年 8 月 23 日至 10 月 5 日之間，發生在金門、馬祖及對面中國東岸、中國人民解放軍與中華民國國軍以隔海砲擊為主要戰術行動的戰役。

砲戰由大陸解放軍首先發起，台灣國軍隨後反擊。炮戰初期，解放軍攻擊島上軍事目標，後期則封鎖海運線，以圍困金門。期間國軍得到美國海軍護航，維持金門補給線，砲戰期間，雙方海軍艦艇和空軍也多次戰鬥。10 月初，解放軍宣佈放棄封鎖，改為「單打雙不打（逢單日砲擊，雙日不砲擊）」，逐漸減少攻勢，直到 1979 年 1 月 1 日大陸和美國建交完全停止砲擊。

有關 823 砲戰的傳說很具戲劇色彩。據說當天晚上大陸船隊悄悄駛進金門，想把金門從中切斷，結果真是天意，當晚風大，原本要從中間進來的大陸船隊被吹到旁邊。

當時正好有個小兵貪方便在樹叢裡解手，看到一大堆船，才發現了大陸軍隊的偷襲，馬上向營長報告。這時大家才警覺到大陸要打金門，船隊如從中間來會把援軍切斷，但因為被風吹向一邊，金門援軍就容易防守。

我二哥當時運氣不好，大學畢業後抽籤到金門當兵，823 砲戰時期他正在那裡。有一天因為天氣很熱，二哥把汗濕的衣服晾在繩子上，突然炮聲響了，他就馬上躲進防空洞，過了幾小時出來，看到衣服上有幾個洞，令他恐懼到極點！

二哥那時剛從學校出來，年紀輕輕就經歷這種生死關頭，還看到很多死人，受到很大打擊，什麼年輕人的理想、抱負，通通被扔到九霄雲外，覺得人生不可測，一條鮮活的生命很可能隨時會消失。

偷聽敵台的我

大哥剛被釋放，二哥又上了金門前線，父母因為大哥二哥的事操碎了心，整天以淚洗面，我那時年齡雖然很小，但很懂事，希望能盡己所能，為父母分憂。

砲戰期間台灣新聞裡說，這場戰役死五百人，那場戰役死一千人，我們都習以為常了，父母聽到這類新聞，就嚇得不行，生怕在金門前線的老二有個三長兩短。但國民黨政府對金門砲戰的新聞，報喜不報憂居多，只報對台灣有利的消息，不報或虛報負面的消息，所以民間得不到全面的真實消息。

我就偷聽中國大陸的廣播，將大陸的報導和台灣的報導綜合起來進行分析，然後與父母分享，讓他們了解砲戰的全面戰況。當時偷聽敵台是違法的，被抓到後果會十分嚴重。

823 砲戰期間，美國全力支援台灣，金門需要的補給，由美國軍艦護送到 12 海里外海，台灣的船再衝過去將那些補給取過來，在這過程中大陸的軍隊一直開砲，100 條船可能有50 條會被打爛。

那時炮彈有不同尺寸，台灣使用與大陸同等尺寸同等威力的炮彈，只能抵擋住大陸砲襲，卻不能摧毀對方攻勢，後來美國就送了 12 吋砲，威力大好多，炸平了許多大陸陣地。

　　這些消息，以及後來大陸改成隔天開砲等消息，我都比官方報導早一步獲得，並及時告訴父母。因為官方媒體不僅晚報這類消息，還會添油加醋，真假消息並存。後來大陸又將隔天打炮改成打宣傳彈，母親聽說後，不知念了多少遍「阿彌陀佛」！

　　台灣若沒有金門馬祖，在地理位置上，就與中國大陸完全分開了，所以中國大陸現在寧可將金門馬祖留在台灣，金門馬祖反而是最安全的地方了，以前那裡駐很多軍隊，現在很少了。金門馬祖成了熱門旅遊勝地，很多人去那裡觀光，站在金門馬祖可以看到廈門，兩邊距離僅一英里，但廈門離台灣本土有 200 英里。

　　我回台灣時就會去金門馬祖玩。當年的有些山洞還在，現在都變成觀光景點了。每次到金門，我都會下意識地聯想到二哥當年的「金門驚魂記」，並一次次地為二哥在砲戰中死裡逃生而慶幸！

兄長眼中的「笨蛋」

　　小時候我和大哥二哥關係並不十分密切，一來由於他們

年輕時的特殊遭遇，性格變得有些怪癖，特別是沒有耐心；二來因為我們之間的年齡差，我跟他們沒什麼話可談。

記得我 10 歲時有一次問大哥，女孩子為什麼屁股那麼大？他就回答說，「你怎麼那麼笨，因為她們要生小孩！」但 10 歲的孩子怎麼會懂這個道理呢？

但大哥不僅不善解人意，還刻意要羞辱你，硬要加一句「你怎麼那麼笨！」這件事我現在還記得！

高中時上物理課，我搞不懂電磁波，因為覺得水波、風波都看得到或感覺得到，但電磁波卻看不到，暑假裡有一天，我就去台北找正在那裡工作的二哥幫我補課，他教了我幾次後，就顯得很不耐煩，說「你怎麼那麼笨！」

哈哈，我這個美國博士，小時侯居然先後被兩個哥哥罵「笨蛋」。當時心裡真是憋屈得很。等我年齡稍微大一點了，回頭看年輕時的往事，我就顯得比較心平氣和，理解到雖然我們有年齡差，但主要是他們的經歷，使各自身心受創！

又如母親放下糖果店生意去佛堂侍奉，怎麼也不應該輪到 10 歲的我接手吧，因為上面有大哥二哥呀！但他們都不願去幫忙，因為他們不贊同母親去佛堂，還經常捐錢，甚至將父親給她買菜的錢也省下來捐去佛堂。

我有時想，母親是因為他們的情況才去佛堂的，現在的

情況實際是他們造成的，不能怪母親啊！但同時我又想，他們的情況又是誰造成的呢？這些問題經常在我腦子裡打架，結論就是：他們都很可憐，而這個社會正是造成可憐的他們的根本原因！

二哥是台大電機系畢業生，他是家裡第一個大學生，而且上的是名校，讓父母臉上有光。而我和二哥因為都上了大學，又都出國留學的緣故，人生經歷較為接近，相比之下，長大後我們兩人的關係就比較密切。

我來美國時帶了 2,500 元美金，我二哥比我早一年去加拿大讀碩士，那時他得了胃潰瘍，但沒有保險，我聽說後，就寄了 2,200 元給他，自己留下 300 元過日子。

現在想起來，年輕真的是本錢，那時英文不通，身邊只有 300 元，但一點都不害怕，也不擔心，倒是事後回想起來反而很害怕。所以我經常跟年輕人講，什麼都不要怕，年輕就是本錢。

三哥張希模比我大 6 歲。他也是個可憐之人！有一次我正在跟他下棋，突然他羊癲瘋發作，所以我一直有罪惡感，好像三哥是因為與我下棋才發病的。三哥有這樣的病，不時會發作，他一發作，全家人都發慌！

所以我後來回想起童年往事，經常會半開玩笑半當真地說，小時候我家就是個悲慘世界！當然那時台灣很窮，絕大部

分台灣人家過的都是類似的生活。印象中父親就是家中的頂樑柱，各種大事小事都是他一手搞定，更了不起的是，因為母親吃素，不煮魚肉，他還挑起了為全家人洗手作羹湯的重任，並因此練就一手好廚藝。

現在，我還會時常回憶起父親的好廚藝！

放牛班的孩子

我 5 歲多的時候，父母送我去上幼稚園。但上了半年我就不想去了，而我不想去幼稚園的原因卻令人匪夷所思：因為我不願整日與眾多流鼻涕的孩子為伍！

我小時候，大多數台灣家庭都很窮，家長對孩子的關照有限，小孩流鼻涕的情況也十分普遍。但我卻是個很愛清潔的小孩，回家就跟爸爸媽媽吵，說不想去學校。當時我才6歲。6歲的孩子就那麼有主見，父母也拿我沒辦法！

6歲上學

但父母要上班，留我一個小孩在家不安全。怎麼辦呢？正好我父親認識大同國小的老師，就提出將我送到小學寄讀，讓老師當我的保姆，因為我還沒到讀小學年齡。

那時的學校也不像現在那麼嚴格，學校認為只要我上課

時不吵不鬧不影響其他同學，就可以讓我去寄讀。儘管是寄讀生，但一旦進了課堂，也是要參加考試的。

結果一不小心，我考了個全班第一名！老師就覺得，如果我再念一年級，會在班上搗蛋，因為我全懂了，就讓我直升二年級，所以我比班上同學的平均年齡小了 2 歲。

因為年齡小，我考大學時還要學校出證明。

我個子雖小，聲音卻很大，所以每年都當班長，因為班長在老師到的時候，要大聲叫同學「起立、敬禮、坐下」！大嗓門的我當班長正合適，教室各個角落的同學都能清清楚楚地聽到我的口令！

小時候我很調皮不懂事，儘管是班長，也會做一些違反學校章程的事，最離譜的是，我居然敢在中午吃飯時間，帶著幾個同學去河裡游泳，被老師發現後，經常罰站好幾小時。

老師是怎麼發現我們去游泳的呢？我們上岸後可是把自己擦得乾乾的啊！但是老師自有辦法，她用手在我們的手臂上按一下，就可以知道我們有沒有去玩過水，因為上岸不久，皮膚表面還有很重的水份呢！

小學五年級時，學校將學生分成升學班和不升學班。那時候就是根據家長送紅包多少來決定進哪個班。不升學班的特別之處，就是老師很爛。我那個班的老師每天要睡午覺，下午 1 ～

2點全班同學陪著他一起睡！我睡午覺的習慣就是那時候養成的。

縣長獎得主

我們那個班還被稱為「殺豬班」，因為這個老師經常打人，搧學生耳光，他長得高高大大的，手掌又很大，搧出去的巴掌很大很重，會在學生臉上留下印記，學生被打就哇哇大叫，像是豬被屠宰時發出的叫聲。別人走過我們教室時都能聽到被打學生的慘叫。這種情況今天、特別是在美國，聽起來就像天方夜譚，不過那時就是這樣。幸運的是，我沒有被打過。

不升學班還有另一個名字就是「放牛班」，原因不僅是老師不負責任，放任自流，還因為有學生放學後真的要去放牛。升學班的老師則透過課後補習賺了大量的錢。

當時學校一個年級每班有40～50人，6個班共約300人。學生要參加升學模擬考試，一個月一次。不升學班的學生也要考。第一次考試，我考進前200名，第二次前100名，第三次前50名，然後前40名，最後一次考到全年級第一名。

我這個跳級生後來更以第一名的成績從小學畢業，並拿到縣長獎。縣長獎沒有獎金，只是一張獎狀，但那是很大的榮譽，我得獎後鄰里間經常會有人指指點點說，啊，這就是縣

長獎得主。我很高興得到這個榮譽，因為這令父母臉上有光。

我因為家裡窮，父母送不起紅包，所以一直被分在不升學班。考中學時，因為反正是在不升學班，我一點都不緊張，倒是學校老師比我還緊張，因為我是學校第一名，如果考不上學校會很丟臉。

發榜那天，我的班主任騎著腳踏車到我家報喜，告訴我父親我考上了嘉義中學，那是當地最好的學校。沒想到那個不負責把學生打得哇哇叫的老師，卻因為我考上當地最好的中學而受益，搖身一變成為升學班的老師，並從此可以收紅包、課後為學生補習而賺錢了。

當時地方上的電台會廣播學生考試發榜名單，家長們就守在收音機旁等消息。我因為已經知道了錄取結果，並不需要再從廣播中了解，純粹為了好玩和炫耀，就在要讀到我的名字時，故意把收音機音量開得很大，沒想到反而聽不清楚！

我在初一時也是因為嗓門很大而被選為班長，每天帶領大家「起立、敬禮、坐下」。初二時被轉到另一個班級，什麼原因也搞不清楚，大概是我們那一班成績好的多，另一班成績好的少，兩班平衡一下，所以就沒有再當班長。

那時國文課每個禮拜要寫週記，因為我大哥從「火燒島大學」畢業，對國民黨印象不好，訂了「自由中國」雜誌。該雜誌是一位從大陸退到台灣來的國民黨忠貞黨員辦的，但

他到了台灣後發現國民黨並沒有真正遵循三民主義，所以辦了這份反蔣介石的雜誌，於是成為國民黨眼中釘。不過那份雜誌當時是合法刊物。

我因為沒有其他閱讀材料，就到大哥那裡翻，千不該萬不該，我不該找到「自由中國」雜誌，還從中找了一些文章寫讀後感，作為週記交差，結果只得到 59 分，就是不及格。但學校給了我一個機會，就是暑假去補習，但我不敢對父親說明真相。父親還以為學校那麼好，暑假為學生上課，還不收錢！

那時嘉義中學前 10% 初三學生可以不考試直升高中，但我因為在不升學班，是透過考試才進入高中的。高中也分升學班與不升學班，我又被分到不升學班。這輩子因為家裡窮，我只有在不升學班的命！

可惡的紅包文化

高中時學校也是「紅包文化」。我對醫生印象不好，就是從那時開始的。因為當時嘉義中學可以根據成績保送幾名學生到台大醫學院，老師就為那些送紅包的學生加分。

杯葛醫學院

比如我一個同學，家裡送紅包，學校就拼命送分給他，體

育分高到 99 分，這個成績與其他學科一平均，平均分數就高出許多，而這些送得起紅包的家長都是醫生，因為他們有錢。所以那個時候我就下定決心，大學志願堅決不填醫學院。

◀ 我和父母親的合影，後排左是我的玩伴外甥。

　　但我也是俗人啊，看到有些同學因為送紅包而得益，心裡很不是滋味，也想給老師送個紅包，得點好處，於是鼓起勇氣向父親要了 1,000 元紅包錢送給班主任，但班主任不收，一方面是嫌少，另一方面是，老師的醉翁之意是賺學生的補習費，但他知道我家沒錢送我去補習，沒有油水可榨。

　　當時我的感覺是自己被大家拋棄了，但倒是從未有過「最

好有一個有錢人父親」的想法。我知道父母不容易,看到他們整天以淚洗面,反而會經常會講些學校裡發生的笑話,在飯桌上逗他們笑。我的幽默、樂觀個性,就是在那時候形成的。

放牛班學生考第一

高三時我參加過 2 ~ 3 次罷課行動,訴求是抗議老師教學質量太爛,誤人子弟!當時台灣還有戒嚴法,這樣的舉動有被抓的危險。不過我反正在不升學班,倒是不怕有什麼後果。

有一次學校舉行大學模擬考試,我的物理考了全校第一,那時全校高中三個班共 150 人。老師覺得很奇怪,怎麼一個不升學班的學生考了第一!

大專聯考時我的第一志願是台大電機系,老師看了又大吃一驚,因為我是全校唯一沒有填台大醫學院的學生。原因我已經在前面講過了!那時我們按理工／醫學、文科、農科分成甲組乙組丙組。

我是全校畢業生中考第一名的學生,也是唯一考取台大電機系的。當時甲組有兩人考取台大,但我考取的是第一志願電機系,另一學生考取的是第三或第四志願地質系。這樣的結果不僅出乎老師意料之外,也出乎我的預料之外!

福星照我進考場

　　大學聯考結果出乎我本人意料之外，還因為考試前夜和當天我的狀況很不好。當時嘉義沒有考場，我要去台南考。我就要求父親陪我去，但他不肯，因為當年他陪二哥去參加大學聯考的經歷給他留下負面印象。二哥當時因為生病，精神狀況很不好，父親對他病懨懨的樣子仍然記憶猶新！他好像覺得兒子參加大學聯考都會是那個樣子，所以不想陪我去。

　　但我堅持要求父親陪我一起去。我這個人很相信命運，認為父親是福星，覺得二哥考上台大是因為有父親陪他去，所以希望父親也為我帶來好運，助我一舉成功。

　　一般人會覺得很奇怪，哪有父親不願陪兒子去考場的？但我理解父親那時已被上面幾個兄姐搞得銳氣全消，完全沒有了望子成龍的想法，他對我這個老么根本沒有任何期望。父親那時接近 60 歲，算是老人了。不過經不起我的堅持，他最終還是答應陪我去。

　　當年從嘉義到台南火車要開兩個小時。我們住不起旅館，父親就找到在台南開南亞塑膠公司的朋友，就是王永慶的哥哥。王永慶哥哥的塑膠公司下面是門市部，上面是住家。

　　我們就住在二樓。原本希望安安穩穩睡一覺，第二天可以精神十足地上考場。沒想到半夜 3 ～ 4 點鐘，我們被樓下的震耳響聲吵醒，原來是卡車來卸貨，這樣前前後後折騰了 1 ～

2 小時，令我們一夜都沒有睡好！

睜著眼睛傾聽這深夜交響曲，我滿腦子就在一遍遍地想，第二天出門前千萬別忘了帶准考證等證件、千萬要順順利利找到考場，這樣一夜想著，天就矇矇亮了。

帶著這樣的精神狀態去考試，居然考上了台大電機系，我真心認為，那是因為父親在我身邊的緣故。後來知道其實當時滿僥倖的，因為我的成績是錄取者中倒數第二名！不過要是我的成績再好些，父親會埋怨我沒有填醫學院！

於是我成了母校嘉義中學的英雄。原本學校中沒有幾個老師知道張希典是誰。不升學班的學生居然考上台大電機系，我一下子成了學校的傳奇人物，以至於學弟學妹們一進台大，都要看看張希典學長到底是何方神聖！

進入台大電機系

當時本省人都念土木系，念電機系的很少，電機系都是外省人，所以我班上 50 人中，40 人是外省人，10 人是本省人，同學中大多來自台北、台中、高雄等大城市。

我是班上來自台中到高雄之間城市的唯一的學生，因為台南沒有一人考上。班上的同學按地緣結幫，他們都不知道有我這樣一個同學的存在。所以如果是建中校友辦的活動，就請建中的，他們也會請那些來自台中的同學，但誰都不會請我，

因為我不屬於任何圈子。大城市的同學看不起我還有一個原因，就是他們認為我的國語有南部口音，說我是「鄉下人」。

那時學校的師資也不好，有些就是國民黨的官，退休了就到大學當個教授，根本沒有學問，這些人講的話有很重的口音，我也聽不懂。所以有些課我就乾脆不去上了。好在台大學術空氣比較自由，沒有點名制度，有時一堂課應該有 200 人，實際上課的學生只有 40 人。

我還是保持睡午覺的習慣，如果睡午覺與上課時間有衝突，我會要求老師換時間，美其名曰「與其他課有衝突」。大學時我成績最好的科目是三民主義，因為我很贊同三民主義這個理想，民主民權民生是我們都需要的。

大學聯考時我這門科目成績也很高，我想可能這也是我能夠進台大的原因吧，因為把總分拉高了。因為我這門課的成績好，有老師推薦我申請三民主義獎學金，後來知道我不是國民黨員才作罷。

我在台大時住宿舍，一年級時宿舍離學校很遠，要騎腳踏車上學，二年級時可搬到稍近的宿舍，我正在發愁如何搬家，一名身強體壯的本省人同學，很仗義地幫我把行李搬到新宿舍，大大咧咧地為我佔了一個床位，其他同學見了也不敢吭聲。

該同學後來當了台灣原子能委員會副主委，他叫楊昭義。

那時我個子小小的，也沒見過什麼世面，他是彰化人，來自台中一中，見過世面，人又仗義，我們因此成為好朋友。

就這樣，大學四年，我在系裡「深入淺出」，出國時請系主任寫介紹信，他很驚訝地看著我，好半天才問：你是電機系的嗎？

當兵的日子

大學畢業後我和同齡人一樣去當兵。當時去哪裡當兵靠抽籤。如果你是國民黨員，又有錢送紅包，你就可以去陸軍總部、海軍總部坐辦公室，或當管理軍隊內部的憲兵，這些都是軍隊的肥缺。

我有些同學就在那裡工作，還很自豪，但我是看不起他們的。部隊裡還有沒考上大學直接去當兵的高中生，他們年齡更小，不成熟，所以家長會很擔心。我是大學畢業去當兵的，比他們的情況好很多。

我那時被分到裝甲師。當時正值裝甲司令搞政變之後。這個裝甲司令是蔣緯國推薦的，曾短期投奔共產黨，後來看到蔣介石做的與他說的不一樣，就心生反義。

有一次他集合了裝甲部隊準備攻打台北，幸好裝甲師的政戰官奪下他的槍，所以政變沒有成功，蔣緯國也因此不再受重用。當時台灣政局不穩，軍隊裡自殺的士兵不少，夜間

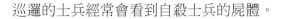

巡邏的士兵經常會看到自殺士兵的屍體。

　　我是在政變事件幾個月之後去那裡的。那是 1965 年左右，台灣的貧窮也反映到軍隊，軍營裡沒有沖涼設備，我們洗澡只能用水桶裝水沖，但有時身上塗了肥皂，突然沒水了，好不尷尬！

　　我因為小時侯吃了太多糖果，牙齒不好，所以吃飯很慢，加上在家時我們把吃飯時間視為家庭時間，大家一邊吃一邊講話，所以養成了細嚼慢嚥的習慣。後來他們把我安排與營長一起吃，這樣可以有更多時間吃飯，因為給營長桌上菜最早，收盤最晚。這可能是我記憶中，唯一享受特權的一次！

▲ 有模有樣

▲ 蹲著的是我

▲ 左二是我

▲ 左三是我

第二章　重回台灣

　　我在美國 Dikewood 公司工作兩年後又回台灣，因為我覺得要為台灣效勞。做出回台灣服務的決定，與自己和彭明敏教授的一次會面有關。那時我申請了淡江大學和交通大學，我有一個好同學趙榮耀在淡江大學工學院當院長，他很希望我去他那裡。那是 1974 年。

躊躇滿志回台灣

　　當時彭明敏受台灣當局打壓，逃到美國，但大多數在美的台灣人不敢與他交往，怕被人打小報告，回不了台灣，所以他感到很孤單。

　　因此當我提出要去見他時，他特別高興，還派了秘書到機場接我和玉清。那是我第一次與彭教授見面，他十分平易近人，完全沒有大人物的派頭，給我留下很好的印象。

我們談了一個下午，除了談台灣局勢，也討論我是不是應該回台灣。彭教授建議我回去，這對我做出回台灣的決定起了十分重要的作用。

淡江大學客座教授

當年一般美國博士回去台灣的大學任教，學校會給副教授職稱。那時交通大學也希望我去，得知淡江大學給我副教授職稱，就提出若我去他們那裡，就給我正教授職稱。淡江大學知道後，就對我說，來我們學校吧，我們也給你正教授！

哈哈，沒想到自己還未回台灣，已經成為兩所頂尖高校爭奪的香饃饃！但我自己是傾向去淡江大學的，因為淡江大學在大城市台北，而交通大學在格局稍小的新竹。

既然淡江也給我正教授職稱，我當然選擇去淡江。

我一位中學老師的先生，當時在台灣駐華府辦事處工作，她聽說我要回台灣，就熱心地為我介紹中華電視的工作，並得到公司的確認。但我並沒有去，因為我不喜歡黨營事業。

決定回台灣後，我迅速處理了一應在美事務，變賣了家具，關閉了銀行帳戶。1974 年 8 月，我攜家帶眷，回到台灣，在淡江大學擔任客座教授。當時玉清肚裡正懷著老二。

使用自己的母語教自己熟悉的專業知識，我在淡江大學的客座教授工作十分輕鬆順利。

大失所望回美國

　　1975 年 4 月蔣介石去世。當時的情況就跟現在金正恩統治下的北韓一樣：全民戴孝哀悼，老百姓哭倒在大街上；電視有整整一個月不能有綜藝節目，其他節目也一概是黑白影像。

　　大學裡的情況與大街上一樣，全校教職員工全部在手臂上綁一條黑布條，以示哀慟和悼念。我是全校唯一不為蔣介石去世戴孝的人，因為我覺得，這明明像皇帝駕崩，哪是現代文明社會領袖去世的情景！中華文化傳統中，只有子女為去世的父母戴孝，哪有老百姓為國家領導人戴孝的道理，這不是在封建社會啊！

　　我感到很彆扭，但又不能躲起來。有一天發生的事情，令我下決心回美國。

　　當時學校有校車接送教職員上下班。那天車子裡特別擠，開到我家住的石牌站時，車上已經沒有空座位了，不少人都拉著車頂上的吊環，整整齊齊的一排手臂上，個個都綁著黑布條，場面令人震驚，而就在這整齊的黑布條陣中，突然加入一條沒綁黑布條的手臂。

　　那條沒綁黑布條的手臂就是我的。當時我只感到車上所有人的目光都集中在我的身上，那種無言的壓力之大，我從未體驗過。其實我剛回台灣的時候，倒是有人警告過我，但

他們也原諒我剛從美國回去，不了解台灣現狀。

　　但我覺得我不能在這樣的環境中繼續工作和過日子了，儘管我與淡江大學簽的是兩年合約，但我決定解約回美，淡江的朋友也表示理解。當初我是準備回台灣幹一番大事的，這也是為什麼我去請教彭明敏的原因。

　　但沒想到當初在美國理念很接近的朋友，回台後一個個加入國民黨，其他的人我又聯繫不上，加上在政治空氣民主開放的美國待了多年，我十分厭倦台灣的政治環境。

　　1975 年，我重回新墨西哥州阿布庫庫基的 Dikewood 公司。公司真的很好，從高層到底下員工，都歡迎我再回去。

第三章　呂秀蓮邀我回台灣

　　沒想到 30 年後我又重回台灣，這回是應時任台灣副總統呂秀蓮的邀請，去幫助她成立非政府組織「民主太平洋聯盟」（Democratic Pacific Union，DPU，以下簡稱聯盟）。

　　我因為在美麗島事件後營救呂秀蓮行動中發揮的特殊作用而與呂秀蓮相識，2000 年參加總統就職典禮後，我每年都回台灣，每次回去都會禮貌性地打電話告知副總統辦公室，呂秀蓮則會特別找時間，或在辦公室、或在官邸接見我。

籌建民主太平洋聯盟

　　2004 年 11 月，我以僑務委員身份回台灣參加僑委會年會，呂秀蓮邀請我到總統府內茶敘，席間邀請我回台灣幫助她成立民主太平洋聯盟。

　　民主太平洋聯盟是一個聯合太平洋區域民主國家、倡導民

主發展、維護海洋資源、促進產經合作與人類安全的非政府組織，以民主（Democracy）、和平（Peace）、繁榮（Prosperity）為核心價值。

但成立聯盟的實際目的就是提升台灣的知名度。因為台灣進不了聯合國，但非政府組織可以參加聯合國屬下的經濟及社會理事會（Economic and Social Council），這個理事會主管與人類生存、人道有關的事務，需要非政府組織的支援。無疆界醫生組織就在該委員會之下。這些非政府組織的人可以參加委員會的會議，提意見、建言。

聯盟成立前有一些暖身活動，2005 年 3 月，聯盟在瓜地馬拉召開美洲區域會議，與會嘉賓來自加拿大、智利、哥斯達黎加、薩爾瓦多、瓜地馬拉、宏都拉斯、墨西哥、尼加拉瓜、巴拿馬、秘魯、台灣和美國。瓜地馬拉總統及副總統、宏都拉斯副總統、尼加拉瓜副總統及台灣副總統呂秀蓮均有與會。

當時我人在美國，呂秀蓮特別邀請我參加，要我在休士頓和他們會合後，一同搭乘包機前往，並封我聯盟「國際合作發展部主任」的頭銜，還印了名片，希望我負責接待各國代表，與他們聯絡感情。

我當然克盡職責，努力扮演好自己的角色，除了在會場上一一與各國代表認識之外，回到旅館後，我也會打電話邀請他們到咖啡廳喝咖啡、聊聊天。

　　既然呂秀蓮派我在國際合作發展部，回程飛機上，我就向她建議，將來的聯盟是國際性組織，很多會員國是我們在美洲的友邦，不妨在美國成立聯盟國際合作發展部。

　　但呂秀蓮很不高興，她說：「我已從去年 11 月等你到今天了，怎麼還變卦？你不回台灣與我一同工作，怎麼會知道我對聯盟的理念與期許？」

　　我覺得她說的也有道理。於是，我就在 2005 年 4 月回到台灣，在台北芝山捷運站附近租房子住，幾天後我就揹著背包到台北市衡陽路的辦公室上班了。但我很快就發現，理想與現實的差距遠非我能想像。

▲ 與副總統呂秀蓮同在空軍 2 號上。

2005 年 6 月,聯盟在日本召開亞太區域會議,我以國際合作發展部主任的身份參加,與會嘉賓來自澳洲、印尼、日本、馬來西亞、新西蘭、菲律賓、俄羅斯、南韓及台灣。

2005 年 8 月 15 日的聯盟成立大會辦得轟轟烈烈,除了上述兩次區域會議的代表外,還增加了多明尼加、東帝汶、基里巴斯、馬紹爾群島、帛琉、索羅門群島和圖瓦魯共 26 個會員國的代表。

與會貴賓除了台灣正副總統外,還有瓜地馬拉總統、哥斯達黎加總統、尼加拉瓜副總統及帛琉的副總統,克林頓總統也代表他的基金會參加。

▲ 我(左二)在聯盟於韓國舉辦的區域會議上與韓國代表團合影。

　　呂秀蓮在成立大會上以高票當選理事長，而我在會前被任命為聯盟執行長，不久又被任命為聯盟副秘書長。2006年6月，聯盟在韓國召開西太平洋區域會議，我就是以聯盟副秘書長身份參加，並擔任會議主持人。

　　但是聯盟虎頭蛇尾。轟轟烈烈的成立大會之後，聯盟內部就問題叢生，因為呂秀蓮獨斷專橫的行事作風，聯盟員工伴君如伴虎、整天戰戰兢兢，包括當時已擔任聯盟副秘書長的我。

在呂秀蓮身邊修行

　　剛回台灣的幾個月，呂秀蓮對我蠻不錯的，把我視為心腹，但她的行事風格讓我很不習慣，她經常會在大庭廣眾前，指名道姓地指責我這個、指責我那個，隨心所欲地出口傷人卻不自知，往往讓我抬不起頭來。我好歹是聯盟副秘書長啊！

　　呂秀蓮認為：我請你吃十次飯，只罵你五次，算是對你不錯的了，因為愛你才罵你。但我在美國住久了，美國的習慣不一樣，我在美國從來沒有人罵過我，甚至我做錯事情，對方也只是很婉轉地告訴我，而不是用罵的方式。

　　我有時想，說不定這是她故意使用的手段，想給人下馬威，先發制人地壓制手下人可能會有的氣焰，從而建立自己的威望，使人服服貼貼地聽她的擺佈。

2005 年聯盟主辦研究生獎學金計畫，吸引外國學生來台灣念研究所。招生簡章是呂秀蓮的英文秘書草擬的，沒有要求申請人提交成績單和畢業證書，只要求托福成績。

▲ 聯盟成立大會風風光光。左五是呂秀蓮，右五是我。

　　那時我剛從美國到台灣，呂秀蓮就要我接這個案子。到 5 月底才只有幾人提出申請，且都是不會講中文的中美洲學生，我花了很大功夫向他們要到成績單、畢業證書，同時由於研究所申請期限已過，我還得請學校延長申請時間。我還到駐外單位及教育部門，希望找到更多合格的外籍學生 。

　　本來聯盟獎學金只給碩士班學生，經我提議增收博士班學生，儘管這樣，只湊足 12 名申請人，雖然聯盟獎學金有 60 個名額。

　　我自認做得不錯，滿心等待老闆的誇獎，沒想到呂秀蓮卻當著眾多參加主管匯報會主管的面說：「你不能什麼人申請就給什麼人，聯盟獎學金規格很高，相當於台灣的富爾布萊特 (Fulbright) 獎學金。」

　　這種話實在很傷人！她言下之意好像我是拿著聯盟獎學金去徇私情！我花了很多功夫才找到這些學生，而且每位都經由大學評審通過，拿到研究所的入學許可。如果我不努力，2005 年的獎學金申請名額就是零，不知她又會怎樣罵我。

　　2005 年的訪問學人計畫也有類似的情形。當時有 30 個名額，邀請國外學人在 8 月時來台進行一個月的參訪活動，並參加 8 月 15 日的聯盟成立大會。簡章 4 月送出，到 6 月中才有人申請。

　　我將申請人材料送去台大、政大審查，但他們都不接受，因為他們沒聽過聯盟這個組織。我只好找國科會、國合會（國家合作發展基金會）的朋友，請他們幫忙打電話到各大學，請大學接受這些學人。在他們的幫助下，我們終於找到了 26 位訪問學者，總算完成了這個計畫。

　　但呂秀蓮其實並沒有嚴格的處事原則。2006 年的獎學金申請截止期是 4 月 15 日，但在 6 月初，我們接到呂秀蓮辦公室電話，要我們給韓國慶南大學董事長的兒子獎學金。

　　在此之前我們已拒絕了 20 名逾期申請的學生，他們中有

些人僅逾期 1～2 天。但她卻要我們向一個逾期將近兩個月的學生發放獎學金。就這樣，呂秀蓮口中的「台灣富爾布萊特」獎學金就在她的欽定下，沒經過評審就送給了一名逾期申請的特殊學生。

甚至在聯盟成立大會當天，我這個為聯盟成立鞍前馬後忙得不亦樂乎的有功之臣，也被她在大庭廣眾之下用台語罵「你怎麼憨憨地站在那裡？」我那時候身為聯盟執行長，這叫我如何自處？

更令人匪夷所思的是呂秀蓮後來居然說：「我是副總統啊，罵誰都可以！」其實民主不只是去投票，人與人之間互相的尊重才是真正的民主。一位呂秀蓮辦公室的主管就勸我：「來副總統辦公室就是在修行，你是慈濟人應該懂得修行。」

呂秀蓮身為聯盟理事長，對聯盟工作卻是隨心所欲，2005 年台灣發生禽流感時，我們曾籌辦在 11 月舉辦禽流感研討會，世界衛生組織的香港代表陳馮富珍已經答應參加（她後來當選世衛組織的秘書長）。但呂秀蓮卻說 11 月台灣要選舉，忙死了，改到 12 月，但人家沒空啊，要過聖誕節啊，所以許多嘉賓就不能來，研討會也就取消了。

召之即來，揮之即去？

在美國，一般人找工作會拿到聘用信（offer letter），說明薪水與工作福利，我也曾向呂秀蓮提過。因為在美國生活慣了，我覺得假期對我來說很重要，希望一年能夠回美國兩次，畢竟我是丟下家人跑來台灣幫她的啊！所以我要求一年能有 20 天的假期。呂秀蓮當時說沒問題。

結果 10 月我要回美國，送了一個簽呈給呂秀蓮請假，她就很不高興，我說：「這是你以前答應過我的事情。」她說：「我答應你的時候聯盟還是籌備處，現在聯盟已經正式成立了，這是不同的工作，所以以前答應的就不算。」這不是狡辯嗎？沒想到她六個月前答應我的事情，六個月後就變卦，這讓我開始對她失去信心。

一年後即 2006 年，呂秀蓮就將我辭退了，原因除了一年間發生的種種不愉快，直接原因就是我沒有按照她的要求造假。當時聯盟的很多經費都是由政府贊助，辦活動當然不可能用得一文不剩，所以我就將剩餘的錢退回給贊助單位。

但呂秀蓮就很不高興，改由她的助理來辦活動，有剩下的錢，她的助理就要我簽一張假收據，說我收到顧問費十萬元等等，但我並沒有收到啊，我當然不能簽！此外，聯盟人員還有一種行事規則，就是在報銷經費時找些不相關的收據，

透過這種造假手段，獲得多餘經費，累積起來作為聯盟經費。

但我卻是一板一眼，如實上報，把剩餘的錢退回贊助單位，因為我覺得造假報帳是不對的。我在美國受的教育，誠實比名位更重要！其實不僅是聯盟，那時好多台灣政府部門如總統辦公室、機要辦公室都作假，有人甚至將買內衣的發票來報銷。

呂秀蓮下台後，這些人後來都受到檢察官起訴，呂秀蓮也被起訴，但沒有被判刑，因為她把責任推給了助理們，此外，當時陳水扁剛被判刑，如果再判呂秀蓮，總統副總統一起被判刑，怕會造成暴動。另五個人各被判刑 6 個月，緩刑兩年，如果我那時也這樣做，我會成為第六個。

呂秀蓮要辭退作為聯盟副秘書長的我，就派了秘書長來執行。秘書長就是前台大校長陳維昭。陳是一位紳士，一個好人，他雖然覺得不應該辭退我，但他必須執行理事長呂秀蓮的決定。

後來我想起，其實呂秀蓮有很多次都暗示過要我離開，但我有聽沒有懂。 陳維昭親自出馬挑明呂要我走的意思，我就說「沒問題」，但「請神容易送神難」，請聯盟按照美國的規矩：提前解聘要付三個月的薪水。

當時我的薪水是每月 6 萬台幣，相當於 2,000 美金，但我要求按照美國的薪資付我一個月一萬美金，三個月就是三

萬美金。後來呂秀蓮跟我協商，一共給了我 30 萬台幣，相當於一萬美金。

我相信呂秀蓮最後按照我的要求付我提前解約費，是陳維昭在其中起作用，因為他真的覺得我做了很多事，提前解約對我不公平。我離開的時候，聯盟沒有為我踐行，只有陳維昭以私人名義請我吃飯。

我離開時心中可說是坦坦蕩蕩，因為我在聯盟時，有好多大財主捐款，如遠雄的董事長趙藤雄、東森電視董事長王令麟、東元電機董事長黃茂雄等，他們都看到我做的事，也覺得我離開是聯盟的損失。

總統府科技諮詢委員

2005 ～ 2006 年，我獲聘擔任總統府科技諮詢委員，為期一年。大多數總統府科技諮詢委員都是大公司老闆或大學校長，他們去總統府開會，都坐黑色轎車，窗玻璃上塗有特殊塗料，門口的警衛都看不到裡面的人。

在眾多科技諮詢委員中，我是唯一坐地鐵、然後步行去總統府的科技諮詢委員，遇到下雨天還拿一把雨傘，門口每個警衛都認識我這個布衣委員。

一次下雨我帶傘去總統府開會，但回去時雨停了，就忘

了 把傘帶回去，第二天我打電話去總統府，說我昨天去開會，開完會後忘了把傘帶走了，能不能幫助找一找，看有沒有在？

我的那把傘是再普通不過的傘，台幣價格折合成美金，十元都不到，一般人決不會輕易打電話去總統府詢問這樣一把普普通通的傘，但我就這麼做了，結果他們說，是啊是啊，確實有一把傘，我們知道這是你張委員的傘啦！他們怎麼會知道呢？因為除了張委員，沒有第二個人帶著雨傘進總統府開會的。

那時總統是陳水扁，立法院是國民黨主導，後來立法院就把這個總統府科技諮詢委員的經費凍結了，我的科技諮詢委員的官銜也就無疾而終。

擔任總統府科技諮詢委員會遇見好多大人物，如大學校長、大公司老闆，比如台灣最大的發展商遠雄等大公司董事長等。一般人看這些大人物是高山仰止，但我這個人沒有等級觀念，所以跟他們在一起，我就是把他們當兄弟看待，從不卑躬屈膝，相處更是融洽。

他們也對我很好，遠雄的老闆每次開會都會選擇坐在我旁邊，因為其他人在一番交談之後都會談一些利益輸送的事情，而我對他一無所求，所以他感到坐我旁邊很舒服，不需要有任何戒備。

第四章　APEC 的台灣代表

　　我去台灣時美國世界日報有過報導，標題做得大大的，現在這樣被呂秀蓮趕走回美國，會很沒面子，我就想再去找工作，於是就直接到國家實驗研究院董事長辦公室。我與當時的董事長賴義雄有一面之交。

破格錄用創紀錄

　　賴義雄看我外表覺得我很年輕，就打電話給台灣高速網絡與計算中心主任，將我安排在那裡上班，講好7月1日上班。那是 2006 年。

有沒有搞錯？

　　去台灣國家實驗研究院辦理上班手續時，他們看到我的身份證，才知道我的真實年齡：63 歲！有沒有搞錯？國家實驗研究院從來沒有超過 40 歲的申請人，所以院長、副院長都

不敢簽字。

但我不知內情，7月1日背著背包就上班去了。儘管沒有院長副院長的簽名，但因為是董事長親自答應的，中心還是給了我一間辦公室。賴義雄後來知道我的年齡，但已經晚了，因為他已經答應在先！

董事會於是為我的專案破例通過特別條款，讓我得以合法受聘成為正式員工。啊，我是不是好偉大！

但國家實驗研究院不知道該如何用我。當時中心每年都派代表去參加亞太經合會 APEC（Asia Pacific Economic Coopration），但沒人願意去那裡，因為台灣代表在那裡經常受中國代表打壓。

所以他們要我去 APEC，其實有點將我當砲灰的意思。那時台灣代表在 APEC 不能講你是台灣來的，而是要講 Chinese Taipei，但台灣代表在台灣時講慣了，要改口很難，另外情感上也不願這樣說。

APEC 是 21 個太平洋沿岸會員國的一個論壇，這些國家總人口佔世界人口約 40%，約佔世界國內生產總值的 57%，佔世界貿易的約 49%。

開啟 APEC 歲月

APEC 裡面有 16 個工作小組，分別針對不同的主題，我參加的是電信暨資訊工作小組（Telecommunications and Information working Group）。這個工作小組再分三個分支，一個是自由化通訊分組，一個是技術發展分組，另一組資訊安全分組。一個工作小組約有 200 人，21 個國家每個國家有十個人。我是在技術發展分組。

APEC 每年在不同的國家開兩次會。我參加的第一次會議是在紐西蘭的奧克蘭。因為我代表台灣，加上我的性格隨和，善於與別人打交道，就主動與地主國的紐西蘭代表聊天，向他們表示感謝，而其他台灣代表則與自己人聚在一起。到晚餐時，紐西蘭代表就邀請我與他們同桌。

而當天的演講嘉賓正是紐西蘭通訊部長，演講完了他就到紐西蘭那桌坐下來，也就是我坐的那桌，我於是成為與紐西蘭通訊部長同桌吃飯的唯一台灣代表，席間我邀請他訪問台灣，他也接受了，但後來沒有成行，因為有種種具體限制。

台灣以前在 APEC 最高只做到工作小組的副召集人，每次想競選正召集人就被否決掉。因為 APEC 是共識決，任何決議必須由 21 個國家全數通過，但因為中國的緣故，只要中國一票否決，就不會通過。

　　台灣代表團看到我在紐西蘭會議上的表現，覺得如果我出來競選召集人可能會有希望贏得競選。

　　第二次會議在菲律賓。台灣國家通訊委員會組團參加。當時民進黨已經執政，但一直不能決定誰當團長。我是在一個月前就在網上報了名，當時我也不了解情況，想既然前一屆要我參加，這次一定也會要我參加。而台灣代表團是在最後一個星期才報名。

　　我下飛機後，遠遠就看到有人拿著寫有我名字的招牌接機，他們帶著我從特殊通道出關，然後又來了輛黑色禮車將我接到下榻的酒店。我受到這樣高規格的禮遇，因為接待方誤以為我是台灣代表團團長！

　　到旅館後我就給了司機 20 美元小費。在那裡等了一個小時，才等來了台灣代表團和真正的團長，他們是擠在大巴士裡來的。看到他們我好高興，因為之前一直等不到他們，就擔心是不是記錯旅館了，甚至沒有馬上意識到自己將團長的位置取而代之了！

　　我覺得很好玩，原本是去當砲灰，沒想到發生在我身上的事都變得那麼有趣！

　　有一次午飯時間，一個 30 歲左右的女生排在我前面，英文講得很棒，我就問她是否去美國留過學，她回答說是，並

且邀請我去她那一桌吃飯，原來他們是泰國代表團的，那女孩是代表團秘書，負責寫會議記錄，而他們的團長就是我們通訊工作小組的現任副主席，下次會議就要當正主席了。

沒想到我又與一個高官同桌吃飯！台灣代表團的人都覺得很奇怪，為什麼我總是能跟外國代表團一起吃飯，而他們卻連與外國代表團講話的機會都沒有！他們再一次覺得，以我的溫和個性和社交能力，如果我出來競選正召集人，有機會當選。

為台灣爭光

2007 年 10 月 APEC 在智利開會，每個國家都帶去幾個提案準備送交大會討論。按規定，所有提案都需要找兩個以上共同贊助國才能送交大會討論，但並不是所有提案都能進入大會討論程序的。在大會前一天晚上有一個團長會議，團長們會在所有送交的提案中選出幾個合適的提案提交大會討論。

擔任副召集人

那次台灣帶去 2 個提案。第二天早上開會前，中國和加拿大代表就告訴我，他們不同意將台灣的提案送交大會討論。一般人遇到這種情況會感到氣餒、沮喪，我的反應卻是馬上

問：「哪裡有問題？我馬上去修改。」

他們就提出這個技術問題那個技術問題，但其實並沒有太大道理，因為我是懂技術的。但我沒有跟他們爭辯，而是按照他們的意思去修改，一次不行，再改，還是不行，再改，鍥而不舍一再修改，一直改到下午 4 點鐘，中國和加拿大就不再反對。在這過程中他們兩個代表團的人感到我這個人是可以相處的。

其實並不是每個國家一定要送提案的，21 個成員國中送提案的沒幾個國家。但有提案在大會上討論能夠增加國家的光芒，所以我們很在乎。

就是在這次會議上，台灣副召集人主動提出由我取代他，代表台灣擔任小組副召集人。

當選正召集人

下一屆會議是在日本召開，會上要改選召集人。當時我們小組的兩位副召集人，除了我，還有一位是秘魯代表，他也想競選正召集人，他可是有來頭的，在國內是通訊部助理部長。但我沒有等級觀念，助理部長也罷，無名小卒也罷，對誰都一視同仁。

但現在我這個無名小卒卻要與他這個助理部長競爭正召

集人的席位！當時小組裡其他國家的團長不知道要選誰，於是就相互詢問，不少人都說要選我。當時的分組召集人是中國代表，但他的任期已到。我與他相處很好，有時也會在英語方面幫他。

　　我在 APEC 競選的時候，只送了一份短短的自我介紹。介紹雖短，但份量很重，因履歷表有一個重要的背景，其中「美國能源部肯定他對美蘇核武試爆會談的貢獻」這句話點出我對世界和平的貢獻。後來中國代表團支持我而不是秘魯的助理部長，我想可能就是這句話起了作用。

　　得到這個結果真是不容易，台灣代表團特別高興，因為這是台灣歷史上第一次有人在 APEC 當上正召集人。對我來講，倒覺得順理成章，事先也不緊張，因為我很有信心。

　　玉清原本要去現場為我拉票，但她把航班時間搞錯了，把半夜 12 點的班機，看成中午 12 點，所以她到的時候，我已經當選了！

一帆風順

　　2008 年 APEC 要開通訊部長會議，會前每個國家先派資深官員參加籌備，主要是起草部長宣言，這樣在部長抵達時便可直接簽字。籌備會議主席就是通訊工作小組的泰國主席，

他指定要我參加，因為我懂技術。

推動網際網路發展

Internet 是 1990 年才有的，但當時沒有普及化，特別是在一些落後國家。那次部長會議上要通過寬頻普及年份的目標。討論十分熱烈，甚至出現了將長桌撤掉面對面討論的場面。

我有雷打不動的睡午覺習慣，當時就從會上請假 15 分鐘去睡覺，但 15 分鐘沒到就有人來找我，原來他們不知道宣言中應該定那一年普及寬頻，於是找我來定。我就決定在 2015 年達到寬頻普及化。

為何提出 2015 年？因為我必須找一個年份，不能太快，但至少我們這些人都能看到。後來寬頻普及化真的在 2015 年達到了，因為在 APEC 部長宣言、領袖宣言上都有提到這個目標，各國就必須執行。後來部長會議開記者會，他們就要我去參加，以便回答記者可能提出的為何定 2015 年這個年份的問題。

2000 年 APEC 提出要在 2005 年達到 Internet 使用量是 2000 年的三倍的目標，我在 2006 年寫了報告，講到有些國家沒有達到這個目標，後來在 2008 年時就全部做到了，當然並不全是寬頻。例如那時的越南百廢待舉，不會將發展 Internet 作為第一優先，但後來就將此提到議事日程。阿拉伯

之春也與 Internet 有關。

部長會議之後，美國聯邦通訊委員會 FCC 於 2009 年拿到 10 億美元聯邦撥款做寬頻普及，當時美國有些地區並沒有寬頻，如印第安保留區。如果達不到部長會議目標，國家會臉上無光。智利當時沒有寬頻，Internet 速度很慢，但當地的美國公司有寬頻，就開放給當地使用。

後來在新加坡開會時，主辦國安排我參加團長會議，而且坐在主桌，電信暨資訊工作小組下屬分組的三個召集人只邀請我一人。2009 年在墨西哥 Cancun 開會時，APEC 的一個理事來找我，問我第二年 APEC 通訊工作小組會議能不能在台灣舉行。該會議原本應該在馬來西亞舉行，但當時馬來西亞剛換了政權，新人不知道如何主辦這類會議。

我於是馬上向台灣代表團團長匯報。台灣以前申請過主辦 APEC 下屬小組會議但沒有得到，現在人家主動找上來，求之不得。2010 年的 APEC 通訊工作小組會議就在台灣舉行。

▲ 這是我（中排左起第十人）在 APEC 任期結束時的「畢業照」。
來自不同國家的朋友為我送行。

周遊世界 開闊眼界

　　在 APEC 四年期間，我擔任小組正召集人兩年，副召集人
一年，普通代表一年。我的人生經驗因此極大地豐富。這四
年不僅是我人生第二春的高潮，也是我整個人生的高潮。原
本我是作為砲灰被發配到那裡充個數，沒想到我在那裡做得
有聲有色，如魚得水，把台灣代表的角色發揮到淋漓盡致。

　　我覺得這與我三次失去工作的經歷有關，那樣的經歷使
我變得更謙卑，因為以前覺得自己本事很大，經歷挫折後發

現自己並不是什麼都行，所有成功的背後都是有人在幫忙。

　　我在 APEC 比在呂秀蓮的聯盟時開心多了。在聯盟時，我幫過那裡許多人，包括為一些人找工作寫推薦信，但我走的時候沒人為我踐行。因為他們覺得我已經沒有利用價值了。而我離開 APEC 時，有許多人為我送行，令我感受到溫暖的人情。

　　由於 APEC 和聯盟及其他國際會議在不同國家舉行，我有機會訪問了 20 多個國家，扳著手指算一算，計有捷克、新西蘭、菲律賓、智利、日本、泰國、秘魯、馬來西亞、新加坡、墨西哥、文萊、塞爾瓦多、瓜地馬拉等國家，加上私人旅遊去過的德國、英國、中國、加拿大、瑞典、荷蘭、法國、意大利、奧地利，也算是個周遊世界的旅遊達人了。我見到過富裕的國度，也看到過貧窮的角落，這些訪問開闊了我的眼界，令我心胸更加寬廣豁達。我還在這些國際會議上參加過十幾次國宴，與總統及部長級大人物舉杯共飲，這些都成為我獨特的經歷。

家庭篇

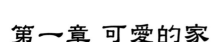

第一章 可愛的家

年輕時父親曾問我，將來娶老婆會有什麼條件？我當時的回答很簡單：「只要漂亮就好！」父親又問：「哪怕是一個漂亮的煮飯婆？」我回答說：「是的，只要漂亮！」

父親就感到特別地不可思議！因為那時台灣人都講究門當戶對，他不能想像我娶一個只會煮飯的漂亮女人進門。

但我有什麼辦法呢？只怪上帝把男人（我）造成這樣！

天上掉下個林妹妹

後來才意識到，我當時的擇偶標準是多麼地不知天高地厚！對於我這個來自南部嘉義小地方的本省人，找女朋友並不是一樁簡單的事，更不用說找一個漂亮女孩。

孤獨的「牧羊人」

在台大時，同學們組織活動從不邀請我，那時電機系男生與圖書館系女生經常組織聯誼活動，但我一次都沒有參加過，不是我不想去，而是他們不邀請我。

他們不邀請我，是因為我不是來自台北、高雄這類大城市的外省人，而是來自南部小地方嘉義的本省人，他們以居高臨下的眼光看我，嫌我土里土氣，嫌我不懂事，總而言之，我與他們不屬於同一個階層。

我就像一個孤獨的牧羊人！

於是我就自己組織聯誼活動，為像我一樣沒有機會接近女生的男生創造機會，發起男生第五宿舍 206 室學生邀請女生第五宿舍 206 室學生的聯誼活動。但即使如此，我還是沒有機會接近漂亮女生。

那時男生都是一副餓狼模樣，看到漂亮的女生就「搶」，然後成雙成對地玩，跳舞啊，划船啊，年齡比他們小兩歲又沒有泡妞經驗的我，當然搶不過他們，所以只能與他們挑剩下來的年齡大的、長得不好看的女生作伴。

所以每次回去就有同學拿我開玩笑，問我：張希典，你和那位阿姨玩得怎樣？你和那位姑姑玩得怎樣？

但是有一天，我的命運改變了。那是因為玉清的出現。

玉清的出現

玉清從香港來美時，是我一個朋友去機場接機。她當時拿的是聖地牙哥市立大學的學生簽證。市立大學相當於社區學院，學費便宜。可能是市立大學內沒有台灣、香港學生，學校於是找 UCSD 華人學生幫忙接機。

接機的同學已經訂婚了，所以對玉清沒興趣，接著就把照顧她的責任交給了我。那時候留學生中有不成文規定，接機者不僅要負責接機，還要幫著安排新生的生活，包括幫助租房、找傢俱、買菜、買日用品等，幫助他們渡過來美後的最初階段。我就這樣乘虛而入。

玉清那時 19 歲。19 歲的她清純美麗，光彩耀人，她的出現就像一道彩虹，令我的生活變得多姿多彩。玉清一來就到漢堡店打工，她在香港時學過英文，找工打工都沒有語言障礙。有時我去她打工的店裡看她，她會很得意地將口袋裡的硬幣晃得嘩啦嘩啦地響，炫耀她得到的小費，其實那才 2～3 塊錢。

玉清後來又去一間中餐館打工，因為那裡小費多些。好強的她學男侍應生，在一個托盤上放好幾個盤子，那可是需要大力氣的，弄不好就會全部摔下來打碎。玉清個子小，手臂細細的，把老闆嚇得半死，沒幾天就請她走路了。

◀ 玉清來美國時才 19 歲，素
顏的她青春美麗，賽過今天的
影星。

開著老爺車泡妞

　　我那時一窮二白，開的是與一個朋友各出 50 元買來的一
輛雪佛龍老爺車，這個同學除了去超市買菜，平時不太用車，
所以大部分時間是我在用車。我開著這輛車帶著玉清買這買
那，盡一個接機人應盡的責任。

　　100 元的老爺車狀況糟糕透頂，手剎車早已失靈，我就找
了一塊大石頭放在車裡，每次要停車前，坐在副駕駛座的玉
清就必須先把石頭搬下車，抵在輪胎前面防滑，等她把石頭
放好了，我才可鬆下腳剎車走下車去。

一個小女生搬一塊大石頭去充當煞車是一個很奇特的景象，但玉清毫不在乎！老爺車不僅沒有手剎車，輪胎也已經磨平了，但我當時根本不懂車子需要保養，有一次車子在高速公路上爆胎，車軸都撞歪了，車子徹底報廢，交通也因此中斷。警察來到現場，我當時好緊張，因為高速公路上一張罰單一定會是天價，但老天可憐我，警察只是拖走了車子，居然沒開罰單！

　　玉清也很會過日子，她有本事用有限的錢將日子過得風風光光。那時雞翅膀很便宜，但我不懂得吃雞翅膀。玉清就一直買雞翅膀吃，花錢不多卻能吃到美味。我就覺得這個女孩子很賢慧。

　　因為錢囊羞澀，我如果帶玉清出去吃飯，總是選在快餐店 Jack in the Box，那裡一個漢堡才 25 分，咖啡是 5 分，30 分就搞定了。但我畢竟是一個男生，總希望偶爾能夠像模像樣地請一個自己喜歡的女生上趟館子。

　　有一次我身邊終於有了 20 元，心想「老子有錢了」，就帶著玉清去一間高級的意大利餐館，但打開菜單一看，最便宜的是 10 元的沙拉，這意味著我不能點其他菜！

　　當時真的不知道該怎麼辦，又不好意思離開。高級餐館的沙拉還不是預先做好了端來，而是當場在客人面前表演如何拌，餐廳內許多在等菜的客人因此都朝我們這桌看侍應生

的表演。我當時感到很尷尬！

那時也有其他女生會叫我幫她們做事，比如去超市買東西、幫助搬家等，因為女生找男生幫忙是天經地義，我雖然是有求必應，但不會主動去幫她們，只有對玉清，我就會主動去問。不過剛開始時，我並沒有明確的想法，覺得以後一定要與她結婚。當時我腦子裡想得更多的是畢業後的前途。

我認識玉清的時候已經是博士生第三年了。我拿到博士學位時，波克教授要為我舉辦一個慶祝酒會，是那種光喝酒的聚會。但我覺得華人喜歡有下酒菜，就請玉清給我做幾個菜。

玉清就找了市立大學的幾個朋友一起做，又陪著我站在門口幫助迎客送客。回去後她的朋友說，你又不是他的女朋友，為何站在門口扮演女朋友的角色？因為那時我們還沒有明確關係，我也不知道怎樣才算交女朋友，我們就是去超市買買菜、與其他朋友一起出去玩，玩得開心就是了！

本省人 Vs. 外省人

後來我和玉清確定關係時，我的一些同學並不看好我們的關係，他們認為我與玉清門不當戶不對，因為她只是一個市立大學的學生，而我是一個博士生。他們同時也覺得她太年輕、不成熟。

他們不贊同我和玉清的關係，還有一個原因：玉清是外省人。台灣經過228後，本省人恨外省人，我與外省人交朋友有人就不諒解，認為本省人應該與本省人結婚，所以有部分本省人朋友拒絕參加我的訂婚舞會。

　　當時與我同年齡的同學或朋友娶外省人的不多。在台大時外省人學生不屑與本省人學生來往，很多他們組織的活動都不邀請我，在 UCSD 時，外省人學生也覺得自己比本省人高貴，我還是被看不起。

　　所以好多本省人男生就回台灣相親，選上一個就結婚了。我也回去相過幾次親，但那些來相親的女生看起來也像是我的姑姑、阿姨，所以一直談不成。因為我唯一的要求就是漂亮！

　　我原本就沒有本省人外省人概念，特別是在學校男生與女生 10 比 1 的現實面前，當年輕漂亮的玉清出現時，我就像賈寶玉看到林黛玉，只覺得天上掉下個林妹妹，什麼本省人外省人的，通通拋到九霄雲外！我瀟灑地對姑姑、阿姨們說再見；並突然明白，為什麼我去台灣相親老是不成功：因為老天在讓我等待玉清的出現啊！

美麗的「學霸」

　　剛認識玉清時，我偶爾會有意無意地流露出博士生的優越感，畢竟她只是一個市立大學的學生，但後來她一步步的

發展，令我刮目相看，我發現這個漂亮的女孩，吸引我的遠不僅僅是漂亮。

玉清不僅長得漂亮，還很會讀書。不像許多女生選擇文科專業，玉清選擇的是數學專業。聰明過人的她用現在年輕人的新名詞來形容，就是個「學霸」，來自香港的她有英語基礎，學習沒有語言障礙。

然後她跟著我去新墨西哥州轉入州立大學數學系，副修地理專業。大三時與我結婚，第二年就拿到數學學士學位。因為她喜歡地理系的兩位老師，而兩位老師也喜歡她，畢業後就選擇了讀地理碩士，僅用一年時間就拿到碩士學位。

我比玉清大七歲，她屬虎，我屬羊。她如何說服她的母親與我這個大七歲的台灣人結婚的，我不知道，而我在向自己的父母介紹玉清時，也隱瞞了她的生肖。

台灣人不喜歡與虎年出生的人結婚，認為虎年出生的女人會很兇，而我又是羊年出生，羊入虎口，這是最忌諱的！婚前母親幾次問我玉清的年齡，但我一直守口如瓶！

夫妻雙雙把家還

婚後我迫不及待地要帶玉清回台灣與父母見面，於是馬上為她申請身份，以便她從學生身份變成綠卡居民，這樣就

可以隨意出境入境。因為她來自香港，剛開始時就以香港地區身份申請，但香港有太多人要來美國，配額又少，所以要等兩年。

那時新墨西哥全州人口才 200 萬，其中四分之一住在阿布庫基，而台灣人則是少之又少。我們在台灣人社區中很活躍，經常參加主流社會及社區活動，認識了好多人，包括一些政界人物。我和玉清當時在社區小有名氣。

玉清申請綠卡需要等兩年，這意味著我要兩年後才能帶著她去見父母，這對他們講是多大的折磨！我就想，每個州都有代表本州選民的聯邦議員，他們的職責之一就是幫助選民解決各種問題。

我於是就去找當時代表新墨西哥州的聯邦參議員蒙托亞（Senetor Joseph Montoya）。雖然抱著很大希望，但我並不確定他能不能真正幫到我們，只能「盡人事，聽天命」了！

沒想到蒙托亞議員是個十分盡職的民意代表，他接到我的陳情後，馬上直接寫信給移民局，責備他們「怎麼能讓一對新婚夫婦等兩年再回台灣省親」。結果移民局馬上改用台灣的配額辦理，玉清很快就拿到綠卡，我們就去了台灣。

我父母非常喜歡玉清，公媳／婆媳關係特別融洽，這令我十分欣慰。母親晚年得了失憶症，家中親人誰都不認識了，

只認識玉清，玉清每次去台灣，母親看到了，就伸出手拉她，嘴裡叫著「玉清、玉清」！

我有時會想，如果當時我將我們兩人「羊入虎口」的生肖關係告訴父母，我們的婚事很可能因此泡湯，張家就沒有這個媳婦了！

▲ 我和玉清回台灣省親時，在澎湖玩小遊艇時留影。

23 歲的大學講師

1974 年玉清跟著我去台灣，因為有美國大學的地理碩士學位和數學學士學位，她輕易找到台大地理系講師的工作；

但她覺得一份工作實在不夠消耗她渾身用不完的精力，還找了一份晚上在中國文化大學城區部夜校的兼職。

城區校園的學生都是上班族，利用業餘時間去上課。當時玉清還不到 24 歲，大部分學生的年齡都比她大，年輕漂亮的老師深受學生喜愛，她的美國經歷更在學生中營造了一層神奇色彩，工作可謂順風順水。

▲ 24 歲的玉清（前排右）是中國文化大學城區部最年輕的老師。

而她當時還懷著身孕！生完老二 2 ～ 3 天後，她就回去上班了。玉清是當時學校最年輕的老師，不少人看到這張學院城區部老師與畢業生的合影，都會問，前排最右邊的那位

到底是學生，還是老師？我就會自豪地說，那是老師，她是我的太太李玉清。

堅守道德原則

來到加州後，玉清曾在佛利蒙一家台灣人開的職業介紹所工作，該公司的業務是介紹在美國的華人工程師去大陸和台灣工作。

但玉清沒作多久就不想做了，並不是公司太小容不得她這條大魚，而是因為她有一個道德原則需要堅守。原來她發現有些被公司介紹去大陸、台灣工作的男人最後都「淪陷了」：他們在那裡找了「二奶」、「小三」，把糟糠老婆都遺棄了。那時從美國去的男人在那裡是很吃香的，許多在美國的家庭就因此破裂。因為不想使自己成為家庭破裂製造者，玉清在公司工作幾個月後，便辭職了。

兩個兒子　一雙寶貝

我有兩個兒子，老大 Franklin 的中文名字是「哲民」，老二 Ted 的中文名字是「哲平」。我給他們起這兩個名字，就是要他們長大後當平民，做平凡的人，而不是當大官，因為我接觸過的大官太多了，真心覺得還是作普通平民更幸福。

有趣的是，Franklin 和 Ted 與兩位美國總統同名，但玉清為兩個兒子起英文名字時，僅僅是覺得那兩個名字唸起來朗朗上口而已。

Lamaze Method

哲民是 1973 年出生的，那時玉清正在讀碩士。當時美國很流行 Lamaze Method 分娩法，這種分娩法就是教孕婦如何作深呼吸，自然分娩。傳統的接生都要打麻醉針，但這可能影響胎兒健康。

◀ 我為兩個兒子起名叫哲民和哲平，就是希望他們做普普通通的人。

我陪著玉清去上課，聞所未聞，見所未見。看到一個個孕婦摸著肚子學習做深呼吸的場面，我感到很好笑，上課時就一直在笑，因此被上課的老師批評「擾亂課堂秩序」。

這樣的課每週 2～3 次，一共上了 2～3 個月。Lamaze Method 的方法之一，是將一個塑料袋套在頭上，減少裡面的氧氣，以幫助產婦放鬆。這聽起來不僅有點奇怪甚至還很危險！但那時候我們還花時間去學習這個時髦玩意兒！

課程結束時，陪同上課的丈夫們都得到一張證書，最基本的就是了解到怎樣的情況下才是送孕婦去醫院的最合適時間，如此一到醫院就可以立即分娩。

因為有這張證書，我得以進入產房，見證兒子出生的過程。當我看到兩個漂亮的護士爬到玉清的肚子上拼命推壓幫助分娩時，我又因為這樣的場面而大笑不已 —有時候，我就像個長不大的孩子！

第一次當父親，第一時間抱著兒子，心中真的十分感慨！覺得人生幾件大事，一件件都水到渠成地完成了，很有成就感！當時通訊手段落後，電話費又很貴，父母知道自己當上爺爺奶奶，是在兩個星期之後了。

老大哲民

新墨西哥州華人很少，我的孩子從小與老美的孩子玩在一起，完全像美國家庭的孩子。老大 4～5 歲開始就會與我們對著幹，來顯示他的特立獨行。最初我們住在學校學生宿舍，後來學孟母三遷，搬到學校附近。

學校附近有很多無家可歸者。老大那時特別喜歡學無家可歸者，他們光腳，他也不穿鞋，讓我們很頭痛。當時我們如果找不到他，只要到無家可歸者聚集的地方，肯定能找到！

　　哲民十幾歲就去餐館打工。那家餐館晚上 10 點關門，我每天晚上 11 點要去接他。有一天晚上我在外面車上等，左等右等就是等不到兒子出來。我十分擔心，卻因為對自己的英文沒有信心，不敢敲門去問。

　　當晚漫天大雪，我就躲在車裡挨凍，直到 12 點鐘兒子才出現，原來老闆認為他掃地沒掃乾淨，罰他再掃一遍！

　　哲民小時候帶給我們的麻煩比較多。有一次他還沒有拿到駕照，就偷了我的車鑰匙把車子開出去，後來車子掉到水溝裡，他找了狐朋狗友十幾人把車子推上來，再把車開回來。

　　好多好多年之後，他告訴我說，當時我一本正經地將車鑰匙、重要文件，包括我喜愛的糖果鎖在我辦公桌的抽屜裡，但他輕易地就可以拿到抽屜裡的東西，因為，抽屜後面是空的！

　　報考大學時哲民最初想念文科，他找到佛羅里達一間名不見經傳的學校，我們也沒辦法參與意見，因為他根本不聽我們的。我倒不是一定要他進什麼長春藤盟校，但這所學校，我是真心不喜歡。

感謝老天，及時將我的老同學 Granger Morgan 送到我的身邊，拯救我於危難之際，令哲民的升學選擇發生了 180 度的逆轉！

Granger Morgan 是卡內基梅隆大學（Carnegie Mellon University）的教授、我在 UCSD 研究所讀博士時的一位學長，當時他利用暑假時間，在我家住了一星期。老大與他聊得很開心，他覺得跟 Granger 講話不像跟我講話那樣累，因為他們的英語一樣棒。

在 UCSD 時，Granger 就很照顧我。我畢業時有一篇論文要在德州奧斯汀大學發表，巧的是他當時也有論文要發表，而且也是在奧斯汀大學，但學校沒有給我經費，去那裡的費用需要我自己負擔，但 Granger 有申請到旅費。

他原本可以自己買一張機票前往，但他想到我，所以沒有買機票，而是租了一輛車，帶著我一起去了奧斯汀，還周到地帶了一個帳篷，兩人一起露營，解決住宿問題，為我省下一大筆錢。我們因此成為好朋友。我至今還對他的仗義之舉銘記在心。

Granger 到卡內基梅隆後創建了公共政策系，使用科學知識制定公共政策，他就是系主任。老大跟他聊了一個星期，改變了申請大學的方向，最後還進了卡內基梅隆！

我那時特別感謝 Granger！倒不是因為卡內基梅隆是名牌大學，而是因為兒子最初要去讀文科，還要去佛羅里達，我心中真是十分地不情願！而哲民也認為 Granger 是他的貴人。

　　哲民在卡內基梅隆學的是電腦，畢業後他去伊利諾州大研究所拿到心理學博士學位。用電腦科學分析心理是一門新的學科，他因為起步早，有博士學位，又有電腦背景，已成為這門學科的權威人物。現在他寫的每一篇論文都是經典，史丹福、柏克萊加大等大學都請他去演講。

　　哲民在新墨西哥州讀高中時交了一大堆美國女孩，還與其中一人論及婚嫁，把我們嚇得不輕！他現在的太太 Nobuko 是在伊利諾州大讀博士時認識的，當時她是大學部的學生，是一個日本女孩子。

　　在哲民的鼓勵下，Nobuko 在洛杉磯加大獲得了通訊（Communication）博士學位。兩個博士在美國很難在相近的地方找到工作，他們就去了英國，哲民在利物浦大學當教授，Nobuko 在倫敦大學當教授，他們在利物浦與倫敦之間買了一棟房子，從家裡到兩人各自的學校坐火車通勤各一小時，這樣的生活已經 5 ～ 6 年了。

　　Nobuko 希望回日本去照顧父母，所以終究會離開英國。他們現在每年寒暑假都回日本。Nobuko 覺得自己有責任照顧父母。其實她的父母比我和玉清年輕，只是我們看起來狀況比她的父母好。

▲ 我和玉清每年都去英國看望哲民夫婦。

老二哲平

　　哲平比較乖，給我們帶來的麻煩較少。記憶中印象最深的是：有一次玉清整理他的床，發現床墊下有好幾個麵包，原來他不喜歡媽媽為他準備的午餐，但捨不得丟掉，就塞到床墊下！

　　高中畢業時哲平選的大學也都在外州，後來進入喬治城大學（Georgetown University）學經濟。孩子們小的時候，玉清曾辦了一個中文學校，把他們送去學中文。但他們都很反抗，所以他們的中文很爛。

　　哲平進入喬治城大學後對小時候沒有好好學中文可說是後悔不已！喬治城大學以外交著名，美國許多外交官都是從那裡畢業的。學校飯廳按各不同語種分為中文桌、德文桌、法文桌等等，在哪個桌吃飯就必須講那國語言。

　　哲平去那裡後，想加入中文桌，卻發現那裡老美學生的中文講得比他還好，他的中文水平還不夠資格去坐那個桌！這極大地刺激了他。所以他在大學時拼命學中文，畢業後就去台灣學中文。

　　哲平是在台灣出生的，所以他有中華民國及美國雙重國籍。大學畢業後他選擇去台灣工作，我和玉清感到很意外。他在台灣住了 2 年，在英文報紙 China Post 當記者，用中文訪問，用英文寫稿。

　　考慮到台北人會講英文的多，不少人會希望與他這個 ABC 練習講英文，這樣對他學中文不利，他還特地選擇住在彰化，因為那裡的人不會講英文，所以有最多的時間和機會學中文。

　　其實畢業時他曾拿到紐約一個很有名的金融公司的工作，但他放棄了，而是去了台灣。在台灣很容易活下來，他在報社當記者，工資不高，但他還可以教英文。

　　兩個孩子讀高中時我們都有送他們去台灣的 Love Boat 夏令營學中文，他們對台灣的印象很好。哲平以記者身份訪問過台灣不少商界名人，如郭台銘、王永慶等，見了好多世面。

　　為了證明自己的中文能力，哲平還像本地人一樣用中文去考台灣的研究所，居然一舉考上了國立政治大學。讀過第一學期，覺得自己的能力已被充分證實，他就選擇回到美國，放棄了拿碩士學位的機會，因為這本來就不是他考碩士的目的。

　　在台灣期間，哲平給我的電郵都是用中文寫的，倒是我，回信時用的是英文，因為我不會打中文。這是不是很好玩！他現在對中文可著迷了，在臉書（Facebook）上有一群用中文交流的朋友。

　　從台灣回美後他就去了紐約，有一天他突然告訴我們，他交了一個英國出生的華人女朋友 Tricia，是個醫生，準備結

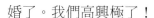

婚了。我們高興極了！

　　我們原來希望兩個孩子在新墨西哥州上大學可省些費用，但他們後來都進了私立大學，一人一年的學費是 3 萬元，四年 12 萬，兩個人就是 24 萬，在新墨西哥州可以買一棟超級豪宅了！

懷念溫馨親子情

　　兩個孩子小時候會笑話我的英文，在家中我和孩子交流時，我講過去是中文，他們回過來是英文，他們用英文講起來都是一套一套的，但我英文不好，講不過他們，有時他們不聽話，我想用英文罵他們還罵錯！我也不是那種很兇的父親，更不會打他們，所以他們就不怕我。

　　我和兩個孩子關係最好的時候，是玉清在阿布庫基開電腦公司的時候。我在實驗室工作每天準時回家，但玉清很晚回家，兩個當時讀高中的孩子，胃口特別好，經常肚子餓，就要求我給他們煮東西吃。

　　其實我不是那種很會做飯的爸爸，但兒子肚子餓，我就勉為其難，胡燒亂煮，沒想到他們卻吃得很香，還誇老爸廚藝高強。我當時也餓，就與他們搶着吃。我最得意的一個菜單是自創的醬汁排骨，就是將排骨肉浸在醬油裡，然後放到油鍋裡炸，還取了個好聽的英文名字「Juicy Steak」。

　　老二在喬治城大學讀書時，有一天晚上打電話給我，討教作「Juicy Steak」的步驟，這個電話足足打了半個小時！所以兒子的印象中，老爸的廚藝比老媽高！

Grandma Coyer

　　在阿布庫基時，因為我和玉清都出去工作，我們就在英文報上登廣告找保姆。一天，一位美國人 Coyer 太太來應徵，她是一位退休郵差，身體很壯實。她一來兩個孩子就抱著她的腿，與她好親熱的樣子，我們就覺得，啊，孩子們和她真是有緣，就雇用了她。她要孩子們叫她「Grandma」，叫她的先生「Grandpa」。

　　她的先生手很巧，我們家東西壞了都是他修好的，也不收錢，真所謂「買一送一」。Coyer 太太人很好，作午飯是她的工作，但她常常把晚飯也做好了才回家。孩子們要打針看病都是她帶去的，還幫助洗衣服，這些原本都不在我們要求的工作範圍內。

　　Coyer 太太在我們家做了九年，從孩子們上幼稚園做到初中畢業，直到孩子們上高中才離開。她真的像我們的母親和祖母那樣照顧我們全家。我們之間從沒有主僕之分，只有朋友關係。她從我家退休後就與先生回到密西根州。

▲ Coyer 太太（左）在我家工作九年，與孩子們建立了深厚的友情，是孩子們心目中最親的 Grandma。右為 Coyer 先生。

三代同堂享天倫

哲平夫婦結婚後，先後為張家帶來兩個小天使，我和玉清於是躋身祖父祖母行列，開始了一家三代享天倫的日子。

世上最好的阿公

Tricia 父母從香港移民英國，她在英國出生，是一位內科醫生，他們的兩個孩子，老大叫 Huddson，為紀念兩人在哈德遜河相識；老二叫 Lennis，兩個孫子與我關係特別好，也聽我

的話。他們很小就被送到雙語學校，我想那是因為他們的父親不想自己的孩子長大後有跟自己一樣的遺憾吧。

　　大孫子出生的時候我在台灣，當天我去電問哲平孩子有沒有出生，沒想到打電話時正是大孫子出生的那一刻，我後來就把電話賬單給兒子看，上面記錄的我打電話的時間就是孫子出生時間。這就叫心靈感應！

　　老二和媳婦都是很開明的人，目前是媳婦在外掙錢，兒子在家帶孩子，偶爾也作一些房地產投資。他們沒有華人的傳統觀念，不認為女主外男主內的非傳統家庭結構有什麼講不出口。

　　我和玉清也是很開明的人，特別欣賞他們不急功近利的生活態度，如他們買了一個公寓單位，但裝修工作不順利，住客聯會對他們的裝修計劃橫挑鼻子豎挑眼，就這樣不斷修改裝修計劃，房子買了一年後才搬進去，在此之前就兩邊同時付錢，他們也不急。

　　我就想，人生有得有失，有時看似是失，但可能是得，因為不急就不會傷身體。有時他們出去玩，會照一些照片、視頻給我們看，我看到媳婦像個小女孩，兩個孫子很快樂，一家人其樂融融，我想這就夠了！

三代同堂共享天倫之樂，實乃人生快樂之最高境界！

第二章　張氏集團

當我在聖地亞實驗室逐步穩定，工作順風順水時，玉清正忙著規劃她的人生。當時阿布庫基華人圈子裡，基本都是先生在外打工掙錢，太太在家帶孩子管家務。玉清對於是否要外出工作舉棋不定，因為當時我們的孩子還小。但她生性愛動，怎麼可能在家待著？

玉清的夢

所以她決定要去工作，先找了一份半工，後來又改做全工。玉清有美國大學學歷，聰明能幹，又年輕漂亮，美國人都覺得她像個洋娃娃。利用數學專業的學士學位，她先後輕易地找到好幾個與軟件相關的工作。

第一家公司的大老闆對她特別好，還帶著她坐直升機出差，但她做了一兩年就不做了。後來去了一家阿布庫基最大的私立醫院做軟件，一兩年後又不做了。 1981 年她甚至進了聖

地亞國家實驗室，和我做起同事來，也是一兩年後就離開了。

幾年下來，所有阿布庫基最好的公司她都做過了。國家實驗室當時被認為是鐵飯碗，只要找到這份工，幾乎所有人都是從一而終的，有那麼大魄力從那裡辭職的，可能就是玉清一人了！說實話，她那時辭職的真正理由到底是什麼，連我也不知道。我於是想，是那些公司的池塘太小了，容不下她這條大魚。

自創公司當老闆

如果真是無處能容得下她，那只能自己創業了。儘管沒有經濟實力，但年輕就是本錢！1983 年，我們用 4 萬元貸款創辦了 Softwaire Centre 公司，專門賣軟件。因為是少數族裔女性辦的公司，很有「賣點」，公司成立時還請到市長幫助剪綵，當地報紙也做了報導。

那時個人電腦剛剛問世，一個軟件可賣到 400 元。一些小公司、學校等都開始用個人電腦，軟件的需求量也隨之增加。公司最興旺的時侯，共有 30 個員工，除了一個老中，其餘全是老美。

雖然是第一次當老闆，但我和玉清好像是輕車熟路，公司沒多久就漸入佳境，業務蒸蒸日上，我們與員工也相處融洽。我們那些員工都是很優秀的人才，我們的會計還有碩士學位。

　　後來公司增加了硬體業務，就改名為 Chang Corporation。
當時電腦不是整台賣而是根據客人要求，將一個個零件組裝
後賣給他們。一次為了擴大公司名聲，我們就提出凡是來店
裡訪問的人都可以免費獲得一張空白 CD，當時的價值約一美
元。

▲ Softwaire Centre 公司開張儀式辦得很風光，現場張燈結彩，賓客
滿堂，連阿布庫基市長（左三）也到場剪綵。右一、二是我和玉清，
前面是哲民和哲平。

那時候 USB 還沒有像現在這樣普及，CD 是最受歡迎的備份媒介。沒想到當地幾個高中將這個消息在學校裡大做廣告，並要求每個學生都去我們店裡拿一張免費 CD，而學生就讓家長來拿，拿了以後就讓孩子交給學校，學校就給學生加分。

因為阿布庫基很窮，學校沒有經費，就透過這樣的方式來為學校增加福利。那幾天家長們在店裡川流不息，外界看來我們店是一派生意興隆的景象，但實際上，來的人越多，我們虧得就越大！

成功拿到聯邦合約

我們也去爭取聯邦政府合約，這令我想起 EG&G 與 Dikewood 公司聯合投標政府合約、而自己慘遭種族歧視之苦的日子。那時他們因為我是華人而不讓我擔任項目負責人，如今我們作為一個獨立的小公司，居然自己可以向政府爭取合約了，時代真的不同了！

最有成就感的是我們真的得到了國家公園 100 台電腦的合約，因為我們給的價格具有競爭性，所以得到國家公園的青睞。

得到這個合約並不容易，不僅是面對一大批規模遠比我們大、歷史遠比我們長的公司，更因為當時沒有網路，全靠人工搜尋。

聯邦合約的消息，成千上萬，需要花大量時間和精力，大海撈針般地尋覓，我真的很佩服玉清的能力和毅力，她透過各種管道，找到這個適合我們公司的聯邦合約，更成功得標。

▲ 張氏集團的前身是軟件中心。

100 台電腦組裝完成後，我們自豪地在每台電腦的背面貼上 Chang Corporation 的貼紙。以這個合約開頭，我們以後還拿到過幾次其他的聯邦合約，總數達到 100 萬元。這對我們這般小規模的公司來說，是很不容易的。玉清也因此當選了幾屆阿布庫基年度傑出女性商人，風光了好幾次。

有一次公司情況不好，我們決定解僱一名員工。玉清就去對這個員工說，說著說著自己先難過起來，哭得好傷心，倒是被解僱的人反過來安慰玉清「沒事，沒事」。想想她真是很可愛！

　　我雖然照常在聖地亞實驗室上班，但公司的所有業務我都了然於心。有一次會計說，公司上個月賺了二萬元。我下意識地感到她說的不可靠，因為公司貨架上東西減少得不多啊！我就立即回答她：「不可能」。會計很不服氣。

　　我們與員工的關係很好，我和玉清從不擺老闆的架子，我就跟她打賭，說如果情況確實如她所說，我就送她一輛新車！會計就重新計算，果真是她算錯了！

　　我慶幸地對她說，好險啊，我不用送你一輛新車了！她就很不好意思，對自己的疏忽表達歉意。其實糾正這個錯誤的真正意義在於：如果將錯就錯，以後若我們要將公司賣了，就會影響到公司的信譽。

　　我很感謝這些員工願意在我們這個小公司低就。後來我們賣了公司，那些員工因為有在我們公司的工作經驗，不少人都進入了英特爾、微軟等大公司工作。

　　玉清這個人有一個特點，就是從來不知道擔心，有一次晚上睡覺時她對我說，我們這個月虧了 5,000 元，說完就轉身

呼呼大睡，留下我整夜發愁，因為那時我一個月工資才 2,000
元！

20 萬美元的水漂

是的，一個水漂 20 萬美元，打這個水漂的就是我的老婆
大人！事情是這樣的—

1995 年我們以 40 萬元的價格將公司賣了。公司的新主
人很聰明，沒有將公司名字全部改了，而只是在 Chang 後面加
了一個 e 字，變成 Change Corporation。這樣不僅可以沿用我們
打下的良好聲譽繼續與老客戶做生意，也反映了公司已經換
人的現實。

公司帳戶上雖然寫的是我們兩人的名字，但我覺得，公
司主要是玉清在打理，賣掉得到的 40 萬元是玉清賺的錢，應
該由她自己決定怎樣花。公司初創時我們貸款 4 萬元，期間
還投進去好多錢。

40 萬元在 1995 年可是一筆大數目，更不要說是在新墨
西哥州！當時在那裡，10 萬元就可以買一棟房子了。玉清拿
著 40 萬元，不知道怎麼處理，就去找投資專家。

專家建議她去買軟銀（Soft Bank）的股票，她照辦不誤，

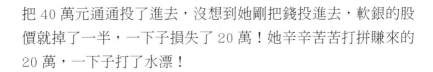

把 40 萬元通通投了進去，沒想到她剛把錢投進去，軟銀的股價就掉了一半，一下子損失了 20 萬！她辛辛苦苦打拼賺來的 20 萬，一下子打了水漂！

這筆損失如果靠每年報稅扣 3,000 元，要扣 70 年。後來我將台灣的房產賣掉，賺了一些錢，才將股票損失沖掉。這筆損失從 2000-2013 年，前後整整扣了 13 年。

玉清就是這樣一個人，幹活的時候拼命，對辛苦賺來的錢卻並不看重，好像就是要享受創業的過程。投資不慎虧大錢，我並沒有責備她，因為這本來就是她的錢。

這件事不僅沒有影響我們的夫妻關係，反而改善了我們的關係，因為她一向自以為天下沒有搞不定的事，這時才意識到，自己並不是萬能，老公還是不錯的。

第三章　多彩人生

　　除了嘗試過各種職業生涯，我的興趣也十分廣泛，做過的事情，也是兩隻手數不過來呢！

拍電影、拍廣告

　　我曾經拍過好萊塢電影！這句話一定十分具有震懾力量，因為一定會有人懷疑：真的假的？

　　前面說過，小時候父親經營一間電影院，我近水樓台，因此培養了對電影的興趣。

　　1989 年，好萊塢電影《懷特・厄普》（Wyatt　Earp）劇組到聖塔菲來拍外景，這是一部西部片，由好萊塢巨星 Kevin Costner 主演，講述主人公一生如何掙扎於家庭、兄弟、夫妻、朋友之間的矛盾。

　　劇組來到聖塔菲後在報紙上刊登廣告找臨時演員，其中

包括演中國礦工的臨時演員。一般劇組都是通過好萊塢電影工會找人，但這樣做會很貴，劇組決定在外景地尋找當地人。

聖塔菲離我居住的阿布庫基約一小時車程。說起來，國家實驗室的工程師與好萊塢電影八竿子打不到一塊，但我那時的生活實在太枯燥太無聊，每天生活索然無味、刻板至極，看到報上廣告後，興奮地跳起來！

試鏡當天，我早上 6 點出門，開車一小時到達試鏡地點，那裡已經有一大群人在等候。我看到一些漂亮的女孩子，她們都是幼稚園老師，去試鏡演妓女！原來誰都有電影夢！

試鏡者中還有不少我朋友的孩子，他們的父母很保守，原本不贊成孩子去試鏡，但聽說「張叔叔」也去，就讓他們去了。其中有個小孩當時試鏡獲選，後來就在電影界一路發展，現在是專業導演。

拍電影前後共一星期，我去的那一次就選了 20 多人，化妝用去一小時，然後去外景地。我皮膚黝黑，演礦工正合適，化妝師都沒怎麼為我化妝，馬上就中選了！

試鏡前我跟實驗室請假，但沒有講去做什麼，怕被人笑話，也怕若沒選上尷尬。在實驗室工作的好處就是假期很多，而因為無處可去，我累積了很多假期，正好用上。

　　這是我第一次從電影院的座位上走上銀幕的經歷。我演一個遞釘子的礦工，也是我們那一批臨時演員中唯一有面對鏡頭的臨時演員，因為其他人只需要低著頭！

　　當時就是不斷地在不同的背景前不斷地重拍。剛開始時還有新鮮感，重複的次數多了也有點感到煩。那時很冷，我們穿得很少，很是辛苦。拍片期間我們每天可以回家。電影拍完後我們都不知道自己的鏡頭會不會用出來，電影試片那天一直等看自己的名字，結果坐了 20 分鐘，還是沒看到自己的名字！

　　我一直沒跟實驗室的同事講我去拍電影的事，也不怕有人會在電影上認出我，事實上因為化妝的緣故，沒人能認出我來；當時因為男生少，劇組也招女生扮演礦工，反正穿上服裝化完妝，男的女的也看不出，其中一位扮演礦工的女生，現在是凱薩醫院的醫生呢！他們更不會想到，一個博士，一個國家實驗室的傑出工程師，會去扮演一個礦工！

　　拍電影時有規定，臨時演員不能帶照相機進入外景地，但我一個朋友還是偷偷帶了一個傻瓜相機，尋找機會與真正的好萊塢影星合影。那天我們倆看到 Kevin Costner 從酒吧出來，就上前請求與他合照，他很友好地答應了。

　　我的朋友就先幫我拍，而且拍得特別好，接著我幫他拍，

但因為我太緊張，手不斷發抖，把兩人的上半身抖到了鏡頭之外，只照到他們的腿，把朋友氣得半死！

◀ 這就是我拍電影時與好萊塢巨星 Kevin Costner 的合影 。

　　我也拍過啤酒公司 Henry Weinhard Beer 的廣告。這家公司一般是不做廣告的，因為是有 100 多年歷史的名牌啤酒。我也是在報紙上看到這個消息的。想來那時候生活實在無聊，我看報紙一定是從第一版第一個字看到最後一版最後一個字！

　　這個廣告用古老的中國城當背景，我扮演在中國城裡賣雞的販子，挑一根扁擔，前後兩個筐各放兩隻雞。賣完雞後就去酒吧喝一杯啤酒，這時候銀幕上就推出 Henry Weinhard 啤酒的特寫鏡頭。短短一個廣告也 NG 了十次，但我在其中表演的成份比在電影中多得多了，算是主角吧！

◀ 我還拍過一個啤酒廣告。

　　據說拍過兩次電影就符合進奧斯卡俱樂部的資格，就可以有投票權。我拍《懷特‧厄普》加上拍廣告的資歷，正符合這個資格，因為拍廣告也算。但那個俱樂部會員費很貴，

而我畢竟不是電影圈的人，所以我根本沒有考慮這件事。

播音員

　　我還當過電台播音員，不是專職的電台播音員，而是向大陸喊話、希望他們投誠的政治宣傳。當時空軍廣播電台每天向大陸廣播，要大陸同胞投奔自由。為了渲染喊話效果，電台提出找小孩唸稿。

　　那時我在嘉義大同小學上學，電台到學校尋找中文發音標準的學生，南部人大多中文不標準，學校認為我的中文還可以，就推薦我去空軍電台唸廣播稿。稚嫩的嗓音一定有特殊的感染力，我那時一邊唸稿，一邊就想：會有幾個人因為聽到我的廣播而投誠呢？

　　後來在新聞上看到，有大陸投誠的飛行員得到政府的黃金獎勵，我就開玩笑說，他們一定是聽了我的廣播才投誠的，應該分一點黃金給我才對！

專欄作家

　　2004 ～ 2005 年期間，我曾擔任過美國星島日報週刊專欄作家 。這是我作為一個工科生第一次得到專欄作家身份的筆耕生涯。

當上一份美國華文大報的專欄作家的機會，也是源自玉清。因為星島日報最初是請玉清來寫這個專欄。但玉清回家後一直沒有動靜，我就只好代婦出征，寫了第一篇文章「華裔在美國選舉中的定位」。

報社覺得我寫得很好，就要求我每週寫一篇，給我一個專欄，還專門設計了欄花，放上我的標準照。我就把自己人生的一些經歷寫成文章，前後共寫了 28 篇，每週日刊登在報紙增刊上。

玉清從此增加了一個例行公事，每逢週日去報攤買報，每次買五份。報攤就問為何買五份？她就說裡面有我老公寫的文章啊。賣報人就問，你老公叫什麼名字？玉清驕傲地回答：他叫張希典。報攤的人就說，啊，我有看他的文章。

甚至呂秀蓮也看中我這個專欄作家的身份，要求我專門為她寫一篇文章，因為當時她作為副總統沒有實權，希望借我的筆為她代言，然後把我的文章去給陳水扁看，向陳水扁施壓。

我就寫了一篇，從「重用副總統的美國總統政績都較好」這個角度談，如艾森豪重用尼克森的例子。初稿寫完後先給呂秀蓮過目，但她不滿意，在稿子上寫了一大堆意見，批評我的文章太含蓄，陳水扁看不懂，要我明確地、直截了當地在文章中提「台灣」、「陳水扁」、「呂秀蓮」這些字眼。

但我這個人不願講這類話。後來我就對她說，爭千秋者不爭一時，既然她如此在乎，不如兩年後出來競選總統，然後自己做一個重用副手的總統。那是我咬緊牙根寫得最艱難的一篇文章。

　　我的專欄文章寫的都是本人實際經歷，內容實在，感受真摯，後來我就把這些文章輯集成冊，出版了《希嘻哈哈，典點滴滴》的小冊子，用我和玉清模仿好萊塢電影《鐵達尼號》的經典畫面拍的一張照片做封面，這是這張照片首次曝光，不少朋友看到後說，沒想到我們老夫老妻，居然還能拍出這樣唯美浪漫的照片！

▶ 我將專欄文章輯集成冊，出了這本小冊子。

後來我還出版了名為《不可能的任務 —— Mission Impossible》的書，講我參與營救呂秀蓮詳情和在民主太平洋聯盟時在呂秀蓮身邊修行的日子，也算是過了一把當作家的癮！

演講嘉賓

我曾參加過卡內基訓練課程（Dale Carnegie Class），這對我的成長影響極大，卡內基講的道理，如要隨時保持微笑、不要隨便批評人等，大家都懂，但不一定做得到。

卡內基課程一週只教你做一件事，然後看你有沒有得到好的回報。如果有的話，就把這好習慣保留下來。我們要在課堂上向同學匯報，每次只能講三分鐘，這對培養如何抓住重點十分重要。我一生中從沒有一位下屬離我而去，因為我深得卡內基課程精髓並運用於實踐，是一位懂得稱讚下屬的老闆。

我退休之後，就用在卡內基課程上學到的演講知識運用於現實之中，當了好多場演講嘉賓。

我本人最有成就感的那場演說是在 2017 年年初，我應母校 UCSD 邀請發表演說。這次演說除分享我的人生經驗外，著重探討大學如何培養有社會責任感的學生，演講會反響熱烈，令我深受鼓舞。

　　我也應台灣邀請，分別於 2016 年在國際資訊安全組織的台灣高峰會上發表演說，於 2015 年在淡江大學發表科技發展與國際現勢演說，並於 2014 年在母校嘉義高中 90 週年校慶活動中發表演說。

　　以前我看到別人在台上侃侃而談好生羨慕，沒想到退休後這樣的機會降臨自己身上，更沒想到我也可以是一位不錯的演說家！

健身之道－打網球

　　打網球是我主要的健身之道，我堅持打網球已有 30 多年。打網球令我保持健康體魄，雖然球技一般，但只要拿起球拍，我還是像模像樣的一個網球手。儘管忙碌，我每週兩次打網球雷打不動。除了參加自己球友圈的活動，我偶爾也與其他網球圈的朋友打友誼賽，打球的時候我們都特別認真，輸一分贏一分是一定要「講講明白」的大事。堅持打網球不僅鍛鍊了我的體魄，還助我一直活躍在社區，與舊雨新知保持聯絡。

健身無界線

　　我這個人興趣廣泛、參加的活動豐富多樣，爬山、划龍舟、打排球、高空跳傘、野營，什麼好玩我就玩什麼！好多人都不知道我的真實年齡，因為我看上去很年輕，但一旦知

道了我的年齡，個個都會露出驚訝的表情！ APEC 在秘魯開會時，我和台灣代表團的成員一起去爬山。那座山在海拔 2500 米即 8200 英尺高的旅遊城市 Machu Picchu，歷史悠久，景色壯觀，被選為新的世界七大奇蹟之一。

▲ 我（左四）和網球圈好友。

團裡大多數是 30～40 歲的年輕人，我是年齡最大的，8200 英尺的海拔高度，光是站在上面都會因空氣稀薄而呼吸不暢，更不要說是一路爬上去。

團裡不少年輕人都因此中途放棄，「落荒而逃」，反倒是我這個年齡最大的，居然一路笑臉盈盈、一口氣爬到山頂！大家都對我的體力表示驚訝，晚飯時甚至將這件事當作談資。

▲ 我（中）和年輕人一起登上海拔 8200 英呎的高山，很有成就感！

　　1998 年，我加入聖地亞實驗室龍舟隊，在奧克蘭美麗湖參加一場龍舟賽。我們的隊長因為預料比賽會由兩個強隊爭奪冠亞軍，就把 50 歲的我安排在冠軍爭奪賽前一場，把年輕人放在最後一場，沒想到我那一場就輕易贏得冠軍，年輕人也因此失去了顯示實力的機會！

　　這也是聖地亞龍舟隊唯一拿冠軍的一次。亞軍是柏克萊加大隊，季軍是一個高中隊。這個結果真是令人跌破眼鏡，因為冠軍組平均年齡最大，年齡最小的高中組只得第三名，我於是就想，那是因為我們組有我呀！

▲ 我和玉清捧著冠軍盃，慶祝聖地亞龍舟隊奪冠。

　　我還參加過台大校友會排球隊。通常男女混合打時，女生做球，男生殺球，但我因為年齡關係，隊友們讓我做球，他們認為我做球技術很好。一次一個女生的媽媽來看球，我就與她聊天，發現原來我們倆同屆，她就感到很不可思議，因為沒想到我居然可以與她女兒一起打球！

▲ 在泰國時我還玩過直升機吊降落傘的冒險活動。

　　去泰國旅遊時，我還嘗試了直升機拖掛冒險活動，就是抓著掛在直升機下的降落傘在空中繞圈。當時我已經60多歲了。那天我是我們遊客團中最後 「上機」的，由於剩餘時間很多，機師為了消磨時間，大方地給我加時，拖著我一圈又一圈地在空中飛行，我抓著降落傘，不知怎麼回事，差點嚇掉半條命！朋友們看到這張照片，都說我的膽子真大！但我就是這樣，什麼都想嘗試！

▲ 我（第二排右二）每年都參加大專校聯會的露營活動。和年輕校友們一起玩，自己也年輕不少。

　　我把自己的健身經驗寫成文章，寄給英文的聖荷西水星報，沒想到報社很喜歡，第二天就登出來了。我當時是受到報上文章的啟發，投稿時我已經 58 歲，很多人覺得 58 歲就是老人了，但我還可以打網球，還可以做其他的運動。

人生感悟

　　活到 70 多歲，我漸漸悟出更多人生道理來。我經常對自己說，人生有得有失，有時候看上去失去了什麼，實際上卻是得到了什麼。聖地亞國家實驗室給我傑出工程師頭銜時，並沒有具體提到我在美蘇地下核試爆驗證會上的貢獻，只是含糊地說「為某個系統找到了一個創造性的解決方案」。我覺得有時候個人的貢獻不能對外公佈，你不需要在乎，你只要默默地做善事，好人終有好報。

　　我看到周圍有不少人，整天想的就是如何賺錢，如何成名，我就對他們說，如果你是百萬富翁，你死了就損失了百萬，如果你是億萬富翁，你死了就損失億萬，因為大家想到的就是得到多少，而沒有想到死了會損失多少（這是極而言之，不涉及有沒有繼承人這個角度）。

　　我還說，美國最有名的人就是總統了，但在 45 位總統中，你記得幾位呢，不會超過十位吧，所以還是做心安理得的普通人來得好，這樣就會快樂、健康，而快樂健康比錢比名更重要。

　　中國有俗話說，塞翁失馬焉知非福。這句話太對了！看問題要看長遠，而不能局限於眼前。比如我一個台大的同班同學當時選擇了去名校史丹福，雖然他在台大是高材生，但到了高手雲集的史丹福，壓力特別大，不僅學得很累，　成績

也低人一等，因此對自己失去信心，整個人就垮了下來。而我選擇了去 UCSD，又遇到一位好導師，三年半就順利獲得碩士和博士兩個學位。

▲ 我和玉清與克林頓總統的合影，在 ABC 電視台當晚的新聞節目中播出。

我覺得命裡該你有的逃不掉，不該你有的爭不來，保持坦坦蕩蕩的心態，做好每一件事，過好每一天，這才是一個人能夠掌控的，其他的都交給命運去安排！克林頓總統當年訪

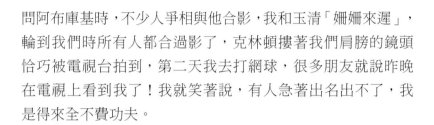

問阿布庫基時，不少人爭相與他合影，我和玉清「姍姍來遲」，輪到我們時所有人都合過影了，克林頓摟著我們肩膀的鏡頭恰巧被電視台拍到，第二天我去打網球，很多朋友就說昨晚在電視上看到我了！我就笑著說，有人急著出名出不了，我是得來全不費功夫。

有兩件事對我人生影響很大。一是當年我去阿布庫基後，花 2,000 元買了一輛較好的二手車，外觀很漂亮，黃色的，我很喜歡。我計劃花 1,000 元修理。修車行說，要換輪胎，要換其他部件，很快 1,000 元就花完了，然後車行說離合器也壞了，又花了 1,000 元，還是沒修好。

我就悟出一個道理，車子老了就是老了，再怎麼修也沒用；由此想到人的身體，人老了就是老了，再怎麼修也修不好。所以我平時不看醫生，因為醫生會說，你這也不好那也不好，那是當然的，因為你老了呀！就像舊車，不要希望能修成新車，人老了也不要老是去「修」。

我有個朋友一直保持台灣的保險，一次去台灣做檢查，醫院說他血管堵塞 90%，馬上送去手術室，出來後更說其實是 99% 堵塞，等於從鬼門關把他拉回來。但我就是不相信。

我覺得人如果該走了就走，好過在床上沒有尊嚴地活著。我有個朋友每天要吃 10 種藥，降壓的降血脂的各種各樣的藥。我就想，我不要過那樣的日子，除非有一天我不得不送急診，

不然我不會去看醫生。

要想身體好，有個愉快的心情很重要，多做善事更重要，因為這樣你每天都會很快樂、很踏實、睡得好；睡得好，身體就好。一次我因為花粉症去看醫生，醫生說沒問題，但因好幾年沒檢查身體，要我做一個體檢，檢查結果，別人是三高，我是三低！

第二件事是，十幾年前我曾去上了一次紫微斗數課程，因為我想一千多年傳下來的東西，一定有道理。紫微斗數的基本理論是，每個人都有 10 顆好星 10 顆壞星。如果一個人有很多好星在富貴宮，這個人就會發財；但如果好星都在富貴宮，意味著有些宮就沒有好星。最理想的是每個宮都有一顆好星一顆壞星，這樣的人就是平凡的人，而平凡之人是最幸福的。

所以有時候說某個人怎麼怎麼好，其實他不好的地方沒有講出來。我覺得老天爺是很公平的。這就像高速公路有四條道，無論你走哪一條，最終目的地就是一樣的，只是早到晚到而已。這就是命運，命運不是人力可以抗衡的。

附記：李文和事件

　　玉清曾經在李文和事件中陷得很深，以至於當時主流媒體和華文媒體負責報導李文和事件的記者，要了解事件的最新發展，第一個採訪的人就是玉清。

　　李文和與我一樣，也是 1978 年進國家實驗室的，但比我稍晚一點。我在新墨西哥州阿布庫基的聖地亞實驗室，他在新墨西哥州拉斯阿拉摩斯的拉斯阿拉摩斯實驗室，兩地相距一小時的車程。

　　當時新墨西哥州台灣來的人不多，所以幾乎大家都認識。我與李文和第一次見面時，聽說他剛進實驗室，第一句話就建議他不要做武器，但他沒有聽我的建言。李文和喜歡露營和釣魚，有時會找我們一起去，後來他出事，我很震驚。

　　根據網上的消息，李文和出事前十年，聯邦調查局 FBI 就在調查他，當時政府正在調查一個代號為 W-88 武器的洩密事件，那武器是拉斯阿拉摩斯實驗室研究的，後來 FBI 鎖定利佛摩實驗室一名華裔工程師進行調查。

　　調查行動包括監聽那名華裔工程師的電話，期間有一天李文和正好打電話給他，所以 FBI 就去調查李文和，李文和多次通過測謊，但 FBI 還是繼續給他測謊，直到有一次未通過測謊，就當場將他逮捕。

　　李文和也傻傻的，還把調查他的 FBI 女探員請到家裡。一次華府派人到新墨西哥州為他測謊，就顯示調查的級別提高，因為不是用當地的 FBI 探員而是華府的 FBI 親自出馬了。李文和問那女探員，已經測了那麼多次怎麼還要測？那女探員就說，那你就對他們說啊，讓他們看看你老實的樣子。

　　李文和聽了那女的話就去了。測謊結果沒通過，然後就當場被抓了。李文和被抓後，他的女兒 Alberta 從新墨西哥州打電話來找我們，說叔叔阿姨，你們是我家最好的朋友，請幫幫我的爸爸！玉清覺得，大家是新墨西哥州認識的朋友，

她應該出來幫忙。

1999 年 9 月 20 日 Alberta 和李文和的律師來南灣名苑餐廳為李文和案件籌款，我們有去參加，律師表面上講是義務，但還是需要很多費用。籌款會第二天台灣發生了 921 大地震，所以大家就把錢捐去那裡，捐給李文和的錢基本上就是明苑籌到的那點錢，後來就沒有了。

當時報紙上對李文和的報導都是負面的一邊倒，Alberta 的表哥建議玉清做個網站，把有關李文和案的正反意見都登出來，使大家有機會討論，李文和支持者也有機會發聲。所以玉清就設立了 wenholee.org 這個網站。

以玉清的技術背景，做這樣的網站對她來說輕而易舉。網站建立後，玉清以慶祝李文和生日為由，辦了一個籌款活動，在福斯特市的皇冠酒店，籌得的 2 萬元都給了律師。

玉清那時真是全身心投入，李文和每次開庭，她都自掏腰包買了機票去阿布庫基旁聽表達支持，當時我還在利佛摩的聖地亞實驗室，大環境氣氛很不好，我也感受到強大壓力，所以選擇提早退休。

　　時任能源部長的李察遜（Richardson）也在媒體前公開講李文和是間諜。他這樣是不對的，因為根據美國法律，被定罪之前任何人都是清白的。奧巴馬總統（President Barack Obama）上任後提名李察遜當商務部長，玉清就在網上發起請願，反對這項任命，獲得十幾萬支持者簽名。後來奧巴馬總統就沒有用李察遜。

　　我們介入李文和案前後共一年，期間主要是玉清在主持，這件事對我們家庭生活影響很大，玉清就在這期間變成一個憤怒的女人，因為她覺得此案對李文和很不公平。

　　有一陣子 FBI 想讓我們去做證人，要求約談我們，我們請教李文和的律師後，拒絕了這個要求。當時真的滿害怕的。但玉清已經豁出去了，沒有退路。

　　還有一次一個華府來的律師找玉清面談，當時共和黨人正在準備彈劾克林頓總統，這個律師就是專門負責彈劾案的，我們估計是共和黨花錢請這位律師來找我們，因為一般情況下可以在加州找一個律師做這個面談，完全沒必要派一個律師親自從華府飛來。

共和黨認為李文和是間諜，而玉清正在幫他，他們想從玉清那裡找出點證據。但律師與玉清談過後才發現，原來這個在媒體面前義正詞嚴地為李文和說話的人，只是一個單純的小女生，根本不像他們想像的那麼複雜。

　　玉清捲進李文和事件，我無能為力，我覺得搞網站可以，但不需要搞得那麼大，更不需要到外面拋頭露面，站在示威抗議隊伍的前面。因為她畢竟是一個女生，為什麼好多男生不衝在前面卻要她一個女生衝在前面？

　　那時李文和網站辦了不少示威活動，我因為體力和個性不喜歡拋頭露面的緣故，沒有去參加這些活動，玉清也沒有要求我去，如果我也去，那誰當頭？玉清天生就是領袖人物，不像我，甘心當老二。

　　她做這些事需要花錢，而她當時並沒有工作，我們倆是同一個銀行帳戶，遇到要花錢她就是開支票。但因為我的個性，也因為我對她的理解，我對她的投入無怨無悔，所以這件事沒有影響我們的夫妻關係。

　　我們為李文和事件的付出，甘苦自知。但後來卻聽到負面的聲音，而這負面的聲音居然就是來自李文和家裡。李文和事件在 2000 年結束，我在 2003 年獲僑務委員任命，玉清也在同年當選世界日報風雲人物。於是社區裡就傳出流言，說我們因為李文和事件撈到政治資本。

　　聽到這樣的負面聲音，說不生氣是騙人的。還好事情已經結束。現在回頭看這件事，就覺得這是人生的一個過程。

　　好在我這個人看事情都從好的方面想，就像阿 Q。我就對自己說，原諒他們吧！這些坐過牢的人，精神上受過創傷，他們的為人處世之道與我們不一樣。我們在李文和事件中交了很多朋友，這是最值得的！

國家圖書館出版品預行編目資料

戲劇人生 / 張希典口述；徐敏子執筆 . -- 初版 . --
臺北市：博客思，2018.09
　面；　公分 . -- (心靈勵志；46)
ISBN 978-986-96385-7-9(平裝)
1. 張希典 2. 自傳
　　　783.3886　　　　107010310

心靈勵志 46

戲劇人生

作　　者：張希典口述 / 徐敏子執筆
編　　輯：陳勁宏
美　　編：陳勁宏
封面設計：陳勁宏
出 版 者：博客思出版事業網
發　　行：博客思出版事業網
地　　址：台北市中正區重慶南路 1 段 121 號 8 樓之 14
電　　話：(02)2331-1675 或 (02)2331-1691
傳　　真：(02)2382-6225
E—MAIL：books5w@yahoo.com.tw 或 books5w@gmail.com
網路書店：http://bookstv.com.tw/
　　　　　http://store.pchome.com.tw/yesbooks/
　　　　　博客來網路書店、博客思網路書店、三民書局、金石堂書店
總 經 銷：聯合發行股份有限公司
電　　話：(02) 2917-8022　傳 真：(02) 2915-7212
劃撥戶名：蘭臺出版社　帳號：18995335
香港代理：香港聯合零售有限公司
地　　址：香港新界大蒲汀麗路 36 號中華商務印刷大樓
　　　　　C&C Building, 36,Ting, Lai, Road, Tai,Po, New,Territories
電　　話：(852)2150-2100　傳真：(852)2356-0735
經　　銷：廈門外圖集團有限公司
地　　址：廈門市湖里區悅華路 8 號 4 樓
電　　話：86-592-2230177　傳 真：86-592-5365089
出版日期：2018年10月 (初版)
定　　價：新臺幣 280 元整 (平裝)
ISBN：978-986-96385-7-9